情報機器作業を快適に

厚生労働省ガイドラインに基づく
情報機器作業従事者用テキスト

中央労働災害防止協会

はじめに

　近年のIT（情報技術）化の急速な進展等により、パーソナルコンピュータ（以下「パソコン」という。）等の情報機器が広く職場に導入され、昨今では誰もが情報機器の操作を行うようになりました。その間、ノート型パソコンや携帯情報端末の普及、マウスやタッチパネル等入力機器の変化、様々なソフトウェアの普及等に見られるようにハードウェア・ソフトウェア双方の技術革新により情報機器等は多様化しています。

　そうした中、情報機器を使用して行う作業（以下「情報機器作業」という。）に伴う精神的疲労や身体的疲労を訴える人が多く、労働者における健康管理面での問題が指摘されたことから、昭和60年に旧労働省が示した「VDT作業のための労働衛生上の指針」（VDT：Visual Display Terminals）を経て、平成14年4月に情報機器作業従事者の心身の負担を軽減し、作業を支障なく行うことができるよう支援するために事業者が講ずべき措置等について示した「VDT作業における労働衛生管理のためのガイドライン」（以下「VDT作業ガイドライン」という。）が策定されました。

　このVDT作業ガイドラインが策定されてから現在に至る間に、スマートフォンやタブレットが急速に普及し、日常生活、職場において使用する情報機器の種類や活用状況がますます多様化しています。このことから、これまでのVDT作業ガイドラインを見直し、事業場が個々の作業形態に応じて作業者の健康管理ができるよう、また、IT化の進展への対応および最新の学術的知見を踏まえ、令和元年7月に「情報機器作業における労働衛生管理のためのガイドライン」（以下「情報機器ガイドライン」という。）が取りまとめられました。

　本書は、事業場等において実施する労働衛生教育のテキストとして使用しやすいように、情報機器ガイドラインの中に示された労働衛生教育の項目に沿って、情報機器作業従事者が情報機器作業を快適に行うために必要な事項をわかりやすくまとめたものです。

　多くの情報機器作業従事者に読んでいただき、それぞれの職場で役立てていただきたいと思います。

　令和元年12月

中央労働災害防止協会

「情報機器作業における労働衛生管理のためのガイドライン」
作業者向け労働衛生教育項目

「情報機器作業における労働衛生管理のためのガイドライン」では作業者に対して、次の事項について教育を行うことと明記されています。また、当該作業者が自主的に健康を維持管理し、かつ、増進していくために必要な知識についても教育を行うことが望ましいとされています。

イ	情報機器ガイドラインの概要
ロ	作業管理 作業計画・方法、作業姿勢、ストレッチ・体操など
ハ	作業環境管理 情報機器の種類・特徴・注意点
ニ	健康管理 情報機器作業の健康への影響(疲労、視覚への影響、筋骨格系への影響、メンタルヘルスなど)

目 次

序　章　情報機器ガイドラインの概要　7
- 1　情報機器ガイドライン策定の背景　8
- 2　対象となる作業　10
- 3　情報機器ガイドラインの枠組み　12

第1編　作業環境管理　13

第1章　作業環境の改善　14
- 1　照明・採光　14
- 2　グレアの防止　18
- 3　その他の物理的環境　21

第2章　情報機器等および作業環境の維持管理　24
- 1　情報機器の選択　24
- 2　椅子・机または作業台　27
- 3　日常の点検と調整　29
- 4　定期点検　31
- 5　清　掃　32

第2編　適切な作業管理　33

第1章　作業の改善　34
- 1　情報機器作業の負荷　34
- 2　作業時間等　35
- 3　情報機器の調整等　37
- 4　みんなで取り組む作業改善　40

第2章　配慮事項等　41
- 1　高齢者等に対する配慮事項　41
- 2　テレワークを行う労働者が配慮する事項　42

第3編　健康管理　43

第1章　情報機器作業の健康への影響　44
　1　情報機器作業の特徴　44
　2　情報機器作業の健康への影響　46
　コラム：スマホ首（ストレートネック）　55
　3　情報機器作業による健康影響の要因　59
　4　「動かない」ことの弊害に注意　61
　コラム：「座り過ぎ」の健康影響　62

第2章　健康管理の方法　64
　1　情報機器作業に係る健康診断　65
　2　健康診断結果に基づく事後措置　69
　3　健康相談の積極的活用　70
　4　職場体操　70

参考　関連通達　73

　1　法令・通達とは　74
　2　情報機器作業における労働衛生管理のためのガイドライン　75

情報機器ガイドラインの概要

- ●● ポイント
- ●情報機器ガイドラインが策定された背景を理解します。
- ●ガイドラインの対象作業や枠組みを学びます。

1 情報機器ガイドライン策定の背景

　昨今は、誰もが職場において情報機器作業を行うようになっています。これに伴い、職場環境、作業形態等も大きく変化し、精神的疲労や身体的疲労を感じる人が増えるなど、情報機器作業における問題点も指摘されてきました。

　厚生労働省では、情報機器作業従事者（以下「情報機器作業者」という。）の心身の負担を軽減し、作業者が情報機器作業を支障なく行えるようにするため、平成14年4月5日付け基発第0405001号「VDT作業における労働衛生管理のためのガイドライン」（以下「VDT作業ガイドライン」という。）を示しました。

　このVDT作業ガイドラインでは、主にデスクトップ型やノート型のパソコンを使用し、作業机等で集中的に作業するという作業様態が念頭に置かれていましたが、最近ではハードウェア・ソフトウェア双方の技術革新により、職場におけるIT化はますます進行し、情報機器作業を行う作業者の範囲はより広くなり、使用される情報機器の種類や活用状況は多様化しています。

　これにより、VDT作業ガイドラインで示されたように作業を類型化してその類型別に健康確保対策の方法を画一的に示すことは困難になり、個々の事業場のそれぞれの作業形態に応じたきめ細かな対策を検討することが必要になってきました。

　そこで、情報機器作業者の健康を確保するための新たなガイドラインとして、令和元年7月12日付け基発0712第3号「情報機器作業における労働衛生管理のためのガイドライン」が策定されました。本ガイドラインは「VDT」の用語が一般になじみがないこと、多様な機器等が労働現場で使用されていることから「VDT」の用語を「情報機器」に置き換え、「VDT作業ガイドライン」の基本的な考え方は維持しつつ、情報技術の発達や、多様な働き方に対応するよう健康管理を行う作業区分を見直し、その他最新の学術的知見を踏まえたものです。

序章

情報機器ガイドライン策定の背景

背景
- 職場におけるIT（情報技術）化の進展
- 情報機器作業の一般化と情報機器作業者の増加
- 情報機器等の多様化
- 情報機器作業者の心身に疲労感が強い

職場におけるIT（情報技術）化の進展

- 情報機器作業の一般化と情報機器作業者の増加 → 増加する情報機器作業者への対応
- 情報機器等の多様化 → 多様化する情報機器への対応
- 情報機器作業者の心身の疲労感 → 情報機器作業者の健康面への対応

情報機器ガイドライン策定

- 幅広い情報機器作業者を対象に
- 多様化する情報機器等に対応した適切な機器等の選定
- 作業の種類と作業時間に応じた健康管理の実施
- 適切な作業時間管理の実施

→ 作業者の心身の負担軽減を図る

2 対象となる作業

　情報機器ガイドラインの対象となる作業は、事務所において情報機器を使用して行う、データの入力・検索・照合等、文章・画像等の作成・編集・修正等、プログラミング、監視等の作業です。作業時間または作業内容の拘束性の強弱により表のように区分しています。

　また、情報機器を使用する者については、正社員、パートタイマー、派遣労働者、臨時職員等の就業形態の区別なく、作業者が情報機器を使用する場合は全て情報機器ガイドラインの対象となります。

作業区分（情報機器ガイドラインより）

作業区分	作業区分の定義	作業の例
作業時間又は作業内容に相当程度拘束性があると考えられるもの（全ての者が健診対象）	1日に4時間以上情報機器作業を行う者であって、次のいずれかに該当するもの ・作業中は常時ディスプレイを注視する、又は入力装置を操作する必要がある ・作業中、労働者の裁量で適宜休憩を取ることや作業姿勢を変更することが困難である	・コールセンターで相談対応（その対応録をパソコンに入力） ・モニターによる監視 ・点検 ・保守 ・パソコンを用いた校正・編集・デザイン ・プログラミング ・CAD作業 ・伝票処理 ・テープ起こし（音声の文書化作業） ・データ入力
上記以外のもの（自覚症状を訴える者のみ健診対象）	上記以外の情報機器作業対象者	・上記の作業で4時間未満のもの ・上記の作業で4時間以上ではあるが労働者の裁量による休憩をとることができるもの ・文書作成作業 ・経営等の企画・立案を行う業務（4時間以上のものも含む。） ・主な作業として会議や講演の資料作成を行う業務（4時間以上のものも含む。） ・経理業務（4時間以上のものも含む。） ・庶務業務（4時間以上のものも含む。） ・情報機器を使用した研究（4時間以上のものも含む。）

注：「作業の例」に掲げる例はあくまで例示であり、実際に行われている（または行う予定の）作業内容を踏まえ、「作業区分の定義」に基づき判断すること。

コールセンターでの相談対応

モニターによる監視

プログラミング

CAD作業

伝票処理

文書作成作業

3 情報機器ガイドラインの枠組み

情報機器ガイドラインには、主に以下の内容が示されています。

○作業環境管理

情報機器作業を行う環境の整備方法について説明しています。

（例：照明および採光、ディスプレイの明るさ、情報機器や机・椅子の選び方）

○作業管理

情報機器作業の方法について説明しています。

（例：一日の作業時間、休止時間の取り方、望ましい姿勢）

○健康管理

情報機器作業者の健康を守るための措置について説明しています。

（例：健康診断、健康相談、職場体操）

○労働衛生教育

上記の対策の目的や方法について、作業者や管理者に理解してもらうための教育について説明しています。

作業環境管理

第1章 作業環境の改善

> ●●ポイント
> ●照明・採光の改善、グレアの防止、その他の物理的環境から適切な作業環境のポイントを学習します。

1 照明・採光

(1) 採光

望ましい採光条件は、次のとおりです。
① 必要なところに光が十分に行き届く。
② 見ようとするものに妨害光線が入ってこない。

▌明る過ぎ

明るいほど見やすくなり、作業能率も上がるような感じがするため、明るいほど良いように考えがちです。しかし、明るければ明るいほど良いというものではなく、明るさが程度を超えて、明る過ぎると、まぶしさのために眼が疲れます。

また、直射日光の差す屋外で本が読みにくいように、明る過ぎると見にくさが生じます。
① 窓
窓は、採光や換気のためにあります。そのために窓に対して従来は、明るければ明るいほど良いと考えがちでした。しかし、「明る過ぎ」に

も注意する必要があります。
② ブラインド、カーテンの活用
　太陽光が直接入射するなどの高輝度の窓については、ブラインドまたはカーテン等を必要に応じて活用することにより、その輝度を低下させるように心掛けましょう。
③ 壁
　窓に面しているときには明るさに注意する人も多いようですが、部屋の奥にいても明る過ぎる壁面が視野に入ることがあります。窓だけでなく、明る過ぎる壁面にも注意しましょう。

（2）照明

明る過ぎる照明

　照明が明る過ぎるとディスプレイ画面を暗く感じます。明るい照明のために瞳孔が絞られ、光を感じる網膜が明るい光に順応しているためです。
　そのために、画面の輝度を上げなければならず、眼が疲れます。

暗い照明

　「明る過ぎ」に対して最近では部屋全体の照度を下げることも行われています。
　部屋全体が暗いと、ディスプレイ画面は見やすくなりますが、キーボードや原稿まで暗くなってしまいますので適度の明るさは必要です。

(3) コントラスト

　明るいところと暗いところとの明暗の対照を「コントラスト」といいますが、コントラストが著しいと、視線を移動させるたびに瞳孔や網膜の光への順応を変えなければならないために眼が疲れます。
　そのために室内はできるだけ明暗の対照が著しくないようにする必要があります。特にディスプレイ画面の明るさ、書類やキーボード面における明るさと周辺の明るさの差はなるべく小さくする必要があります。

(4) ディスプレイ画面に入射する光の照度

■ディスプレイ画面上での照度

　ディスプレイ画面での照度（18ページ参照）は、発光している画面の輝きを妨げず、ディスプレイ画面の読み取りに適している必要があります。500ルクスを超えると文字がぼやけたりしますので、500ルクス以下が適切とされています。

■ディスプレイ画面での反射

　ディスプレイ画面には受けた光を反射するものがあり、窓や照明、作業者の像などが映るおそれがあります。

　そのために最近では、一般に反射防止対策としてディスプレイ画面表面の処理や、液晶画面に貼る反射防止フィルムなどがあります。

(5) 作業面照度

　情報機器作業で書類やキーボード面などを正確に読み取るには、適切な照度が必要です。しかもその照度は、それらのものとディスプレイ画面の両方の読み取りに適していなければなりません。さらに全てができるだけ均一であることが望ましいとされています。

　そこで、ディスプレイ画面上での照度500ルクス以下に対して、書類およびキーボード面での照度は300ルクス以上とされています。

2 グレアの防止

（1）まぶしさ

じゃまな光源

ディスプレイ画面を見たときに、視野内に高輝度の照明器具や壁面、窓からの光などが入っていることがあります。

案外それに気付かずに仕事をしている人がいるようですが、気にならなくても眼を疲れさせます。

グレア

不快感など視機能に影響を与えるような過度の輝度または輝度比（コントラスト）のことを「グレア」といいます。

情報機器作業中のディスプレイ画面の輝度に比べて、窓から差し込んでくる光や照明からくる光、これらの光が壁などに反射した後に眼に入ってくる光がギラギラと明るすぎる場合に起こります。

照度

測定面に照射されている光の量（光束）で、単位面積あたりの光束を「照度」といいます。したがって、測定面の対象物（ディスプレイ画面、原稿、キーボード等）には関係なく、そこに入射する光の量によって決定されます。照明（光源）に近いほど照度は高く、離れるほど低くなります。単位はlx（ルクス）。

輝度

測定面から測定方向（観察方向）に放射されている光の量で、単位面積当たりの光度（光の強さ）を「輝度」といいます。白っぽいものは輝度が高く、黒っぽいものは輝度が低くなります。単位はcd/m^2（カンデラ毎平方メートル。）

ディスプレイ画面の向き

　窓に向かって作業をすれば、明るい光が眼に入るのは当然です。ディスプレイ画面の向きに気を付けましょう。

　同様に、高輝度の照明が視野内に入らないように、作業位置での視線の方向にある光源に注意すべきです。

（2）反射

光源への対策

　照明器具などの光源に対しては、ひさしを設けたり、格子を付けたり、間接照明にするなどでも光が直接眼に入ることを防げます。

　そしてこれはディスプレイ画面など情報機器での光の反射を防ぐ対策にもなります。

機器への対策

　ディスプレイの外縁、作業台、キーボードなどでの光の反射にも注意すべきです。表面をつや消しにしたものが増えましたが、機器の位置にも気を付けましょう。

(3) 見づらさ

▌**映り込み**

　高輝度の光源でなくても、ディスプレイ画面に外の景色などが映り込んでいることがしばしば見受けられます。

　まぶしくはないために、映り込みに気付かないこともあるようです。しかし、見づらさを生じさせています。

▌**揺れる影**

　ディスプレイ画面に映り込んだ影が動いて見えるようなこともあります。

　これは、壁にかけてあるカレンダーの揺れや室内の人の動きなどが映り込んでいたりするためです。

　影のちらつきは眼を疲れさせるだけでなく、心もイライラさせます。

▌**わずかな工夫で**

　映り込みは、多くの場合、ディスプレイ画面の前後の傾斜を調節するだけでなくすことができます。

　ディスプレイ画面の位置や向きをわずかに変えることで防げる場合もあります。

3 その他の物理的環境

(1) 室内環境

　情報機器作業を行う室内の温度は17〜28℃で、湿度は40〜70％、エアコンの風などが作業者に直接当たらないようにします。

▎空気の流れ
　機械換気や空気調和が行われているところでは空気の流れが生じています。そのため、場所によって冷気・暖気を強く感じるところがでてくる場合があります。場所による温度差ができないよう、ついたてを利用するなど工夫してみましょう。

▎床の冷気
　冷・暖房が行われている室内の窓の一部だけ開放すると、外気が入り、温度による空気の比重差の関係で、冷気が床をはうことになります。
　足元が冷え込むので、窓を開放するときはサーキュレーターなどで空気を循環させるようにしましょう。

(2) 騒音対策

▍騒音伝ぱを防止

　情報機器作業を行う場所付近で、騒音を発する事務用機器や周辺機器等を使用する場合には、低騒音型機器の使用、遮音・吸音の機能を有するついたて等で取り囲む、機器そのものを覆うなどの方法により、必要に応じ騒音伝ぱの防止を考えましょう。

▍イライラを防ぐ

　また、情報機器作業では、作業の内容、質により意識を集中して行う場合もあり、騒音はイライラ感を生じさせる可能性があります。場合により、話し声、ドアの開け閉めなども騒音となります。快適な作業環境のために騒音対策に配慮しましょう。

適切な作業環境のポイント

情報機器作業を行う場所では、明るさ、温度・湿度などが適切であることが大切です。

照明・採光

光源は作業者の視野に入らないようにしましょう。

太陽光線が画面にあたらないようにブラインドやカーテンで調節しましょう。

作業面照度

画面上は500ルクス以下、書類・キーボード面は300ルクス以上。

画面に照明器具や窓などが映り込まないようにしましょう。

室内環境

室内の温度は17〜28℃、湿度は40〜70%で、エアコンなどの風が作業者に直接当たらないようにしましょう。

室内と手もとの明るさの差はなるべく小さく（近い視野内なら輝度比1:3程度）しましょう。

騒音

プリンターなどの不快な騒音は防止しましょう。

情報機器等および作業環境の維持管理

●● ポイント

- ●作業しやすい機器の選択と使用方法を学習します。
- ●日常の点検と調整を学びます。
- ●定期的な点検方法、清掃方法を学習します。

環境、設備、作業方法などについては、最初の段階においては十分に検討されますが、いかなる設備も時間が経過すれば、いろいろな問題が生じてきます。

健康的に仕事を進めるためにも、点検、調整、清掃を十分に行って適切な状態を維持しましょう。

1 情報機器の選択

情報機器には、用途に応じてさまざまな種類があり、その特性等も異なることから、作業に適した機器を選択しましょう。また、使用する機器やソフトウェアの特徴や性能をよく理解しておきましょう。

(1) デスクトップ型

デスクトップ型は一般に、ディスプレイ、入力機器（キーボード、マウス等）がそれぞれ独立しています。一定の作業面の広さが必要となりますが、キーボードは大きく、自由に移動させることができるため、作業姿勢が拘束されにくく、長時間にわたり作業を行う場合に適しています。

ディスプレイは最近では多くの種類の情報機器用ディスプレイがあります。目的とする情報機器作業を負担なく遂行できる画面サイズを選択しましょ

う。また、ディスプレイは以下の条件を満たすことが望ましいとされています。
- ① ディスプレイ画面上の輝度・コントラストは作業者が容易に調整できること。
- ② 必要に応じ、作業環境および作業内容等に適した反射処理をしたものであること。
- ③ ディスプレイ画面の位置、前後の傾き、左右の向き等を調整できるものであること。

　入力機器はキーボード、マウスが代表的ですが、マウス以外にもポインティングデバイス（トラックボール、パッド、スティック等）、音声入力、イメージスキャナー、バーコードリーダー等があります。また、画面を指で直接タッチして操作するタッチパネル方式の機器も入力機器の一種になります。

　これらの入力機器を利用することによって、情報機器作業を効率化でき、作業者の負荷を大きく軽減できる場合がありますので、目的とする情報機器作業に適した入力機器を選定しましょう。

(2) ノート型

　ノート型は持ち運びが容易であることから、場所を移動して作業を行うことができたり、作業面の広さがデスクトップ型に比べて少なくて済むといった利点があります。一方、キーボードとディスプレイが分離できない機種では、作業姿勢が拘束されやすく、小型のディスプレイでは文字が小さく視距離が短くなりすぎる傾向があります。また、小さいキーボードを手が大きい作業者が使用する場合には、連続キー入力作業で負荷が大きくなることがあります。小型のノート型機器で長時間の情報機器作業を行う場合には、マウス、外付けキーボードなどを使用するようにしましょう。

　目的とする情報機器作業に適したノート型機器を選択するようにします。

（3）タブレット型機器、スマートフォン、携帯情報端末

現在では、タブレット型機器やスマートフォンが日常生活で広く利用されるようになり、移動中でもこれらを用いて仕事をする機会が増えています。これらの機器は携帯ができ、どこでも操作ができることの利便性は高いものの、小型のため画面が小さいなど長時間使用することを目的とした機器ではないものが多くなっています。

そのため、長時間の情報機器作業に使用することは、できる限り避けることが望まれます。

（4）ソフトウェア

次の条件のソフトウェアを選んで作業をしましょう。
① 作業内容、作業者の技能能力に適合している。
② 操作方法がわかりやすい。
③ 作業者自身で、文字の大きさなどを作業がしやすい設定に変更できる。
④ 誤ってデータが消失した場合でも、容易に復元が可能である。

2 椅子・机または作業台

(1) 椅子

個人専用の椅子は、作業者の体形、好み等に合わせて適切に調整できるものが望ましいといえます。

複数の作業者が交替で同一の椅子を使用する場合は、作業者一人ひとりが自分の体形に合った高さに容易に調整できるよう、ワンタッチ式など調整が容易なものを選びましょう。

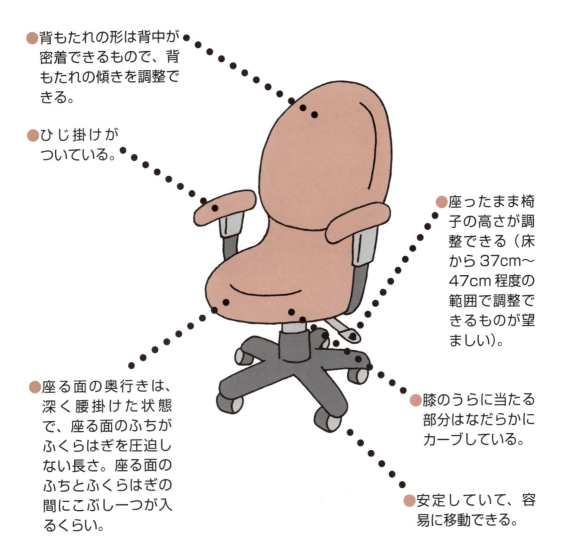

- 背もたれの形は背中が密着できるもので、背もたれの傾きを調整できる。
- ひじ掛けがついている。
- 座ったまま椅子の高さが調整できる（床から37cm～47cm程度の範囲で調整できるものが望ましい）。
- 座る面の奥行きは、深く腰掛けた状態で、座る面のふちがふくらはぎを圧迫しない長さ。座る面のふちとふくらはぎの間にこぶし一つが入るくらい。
- 膝のうらに当たる部分はなだらかにカーブしている。
- 安定していて、容易に移動できる。

（2）机または作業台

机または作業台は、次の要件を満たすものを選定しましょう。

① 作業面は、情報機器作業に必要なものが適切に配置できるだけの、十分な広さがあること。
② 作業者の脚の周囲の空間は、窮屈でない広さがあること。
③ 高さの調整できる机または作業台は、床からの高さが作業者の体形にあった高さに調整し、調整が不可能な机または作業台は作業者の体形にあった高さのものを選ぶ（おおむね65cm～70cm程度のものを用いることが望ましい）。

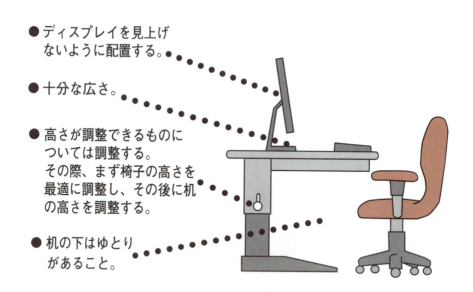

- ディスプレイを見上げないように配置する。
- 十分な広さ。
- 高さが調整できるものについては調整する。その際、まず椅子の高さを最適に調整し、その後に机の高さを調整する。
- 机の下はゆとりがあること。

3 日常の点検と調整

(1) 日常の点検

日常の点検と調整は、作業開始前と作業時間の途中で行いましょう。

㋐ 作業環境
▍グレアの防止
ディスプレイ画面のギラツキ、映り込みはないか？
　　　　　　→採光を調節する。
　　　　　　→照明を調節する。

▍換気
空気調和（空調）の状況はよいか？　→空調の送気状態を点検する。
　　　　　　　　　　　　　　　　　→排気の状態を点検する。

▍静電気除去
室内の湿度は低下していないか？　→湿度を調節する。
　　　　　　　　　　　　　　　　→ほこりを除去する。

㋑ 情報機器
▍ディスプレイの調整
① 前後の傾斜・左右の回転　→傾き・回転の調整
② 明るすぎないか？　　　　→明るさの調整
③ コントラストはよいか？　→必要に応じその都度コントラストの調整
④ 画面は汚れていないか？　→湿ったウエス等での汚れの拭き取り等

▍キーボード等の調整

手首の角度が不自然でないか？
→高さ、角度を調整する。
→アームレスト、パームレストを使用する。

▍マウス等

ごみ等の付着によるカーソル移動の困難はないか？

㈦　椅子、机または作業台

無理な作業姿勢になっていないか？
→座面高、背もたれの角度の調整
→机、作業台の調整が可能な場合、椅子の調整に合わせた高さ調整を行う。
→書類の置き場が不適当となる場合はスペースを工夫する。

●ディスプレイの角度調整

●椅子などの高さの調整

4 定期点検

　照明および採光、グレアの防止、騒音の低減、換気、温度および湿度の調整、空気調和、静電気除去等の措置状況ならびにディスプレイ、キーボード、マウス、椅子、机または作業台等の調整状況については、定められた基準に従い、定期に点検することが必要です。
　特に作業場所を変更する場合、定められた基準に適合するか点検するようにしましょう。

5 清　掃

　日常および定期に作業場所、情報機器、照明器具等の清掃を行わなければいけないのは当然のことです。
　その際、常に情報機器や机または作業台、さらには作業場所等の整理整頓に努めるとともに、これらを清潔な状態に保つような習慣を持ちましょう。

▍情報機器
① 　ディスプレイ画面などに、ほこりや手あかが付着して、画面が見えにくくなったり、静電気発生の原因となることもあるので、湿った布等できれいに拭く習慣が大切です。
② 　キーボード表面の汚れも定期的に清掃しましょう。キーの間隙などのほこりは真空掃除機で吸引して除去します。

▍照明器具
① 　電灯は汚れによって照度が下がるので、定期的に清掃する必要があります。
② 　上向きの照明器具の反射板は、ほこりがたまりやすいので特に注意しましょう。

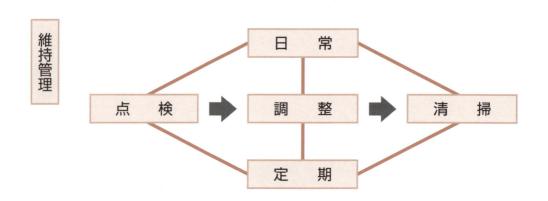

第2編 適切な作業管理

第1章 作業の改善

●● ポイント
- ●情報機器作業の負荷要因が何かを理解します。
- ●作業時間を知ることで、一日の適正な作業時間配分を学習します。
- ●眼の疲れについて知ることで、疲労対策を学びます。
- ●作業姿勢の種類を知り、無理のない姿勢のポイントを理解します。

1 情報機器作業の負荷

　仕事には必ず負荷が伴います。しかし、仕事に伴う負荷が健康に影響するようではよい仕事とはいえません。仕事による健康への影響を防ぐためには、どんな負荷があるか、そしてその負荷がどのように健康へ影響するかを知らなければなりません。

情報機器作業における負荷要因

① **視覚的要因**
- ●表示された像…文字の大きさおよび間隔、文字の形態、ちらつき、輝度、コントラスト、色
- ●室内照明の影響…反射光
- ●グレア、反射、順応
- ●視空間の他の対象

② **姿勢要因**
- ●ディスプレイ、キーボード、書類の配置と作業姿勢
- ●視距離

③ **環境要因**
- ●温度・湿度・空調
- ●騒音

④ **作業設計要因**
- ●作業時間および休憩(休止)時間

⑤ **個人的要因**
- ●年齢
- ●視力
- ●眼鏡使用
- ●モチベーション(作業意欲)

情報機器作業の負荷には前ページに掲げる要因があります。日常の仕事の中で、このように負荷を分析してみることも必要です。例えば眼が疲れるというだけでは対策につながりません。なぜ眼が疲れるのか、その要因を考えてみることが大切です。

　しかし、健康障害を防止する視点だけでは、健康を守ることはできません。時間的に考えると、仕事は生活の中で大きな比率を占めています。快適に仕事ができてこそ健康に生活が送れます。快適に仕事ができるように仕事での問題点を解決すべきです。快適に情報機器作業ができるようにみんなで工夫しましょう。

2 作業時間等

(1) 1日の作業時間

　職場において情報機器作業に関して適切な労働衛生管理を行うとともに、各人が自らの健康の維持管理に努めれば、これまでの経験から大多数の人の健康を保持できることがわかっています。そして、各職場における情報機器作業の態様がさまざまで作業者への負荷が一様でなく、また、情報機器作業が健康に及ぼす影響は非常に個人差が大きいこともあり、情報機器作業ガイドラインには一日の作業時間について上限が設けられていません。

　しかし、相当程度拘束性があると考えられる情報機器作業については、一般に自由裁量度が少なく、疲労も大きいため、それ以外の作業を組み込むなどにより、一日の連続情報機器作業時間が短くなるようにする必要があります。そこで情報機器作業ガイドラインでは、一連続作業時間が1時間を超えないようにし、次の連続作業までの間に10分〜15分の作業休止時間を設け、かつ、一連続作業時間内において1回〜2回程度の小休止を設けるようにすべきことが示されています。

> **4時間以上の作業**
> 　パソコン作業者の調査研究から、1日の作業時間が4〜5時間を超えると中枢神経系の疲れを訴える作業者が増大し、筋・骨格系の疲労も蓄積するという報告があります。また、疲労測定に関する別の調査研究では、点滅光の識別度合いを示すフリッカー値が5％以上の低下を示し、疲労を示す対象者が作業者の25％を超えないことを目標とした場合、1日の作業時間は300分が望ましいとしています。

（2）一連続作業時間および作業休止時間、小休止

　一連続作業時間の目安が1時間を超えないこととされているのは、パソコン作業がおおよそ1時間以上連続した場合には誤入力の頻度が増すことや、大脳の疲労と関連する指標値に変化が見られたという研究結果に基づいています。

　このことから、一連続作業時間の設定は、ディスプレイ画面の注視、キー操作または一定の姿勢を長時間持続することによって生じる眼、首、肩、腰背部、上肢等への負荷による局所疲労の防止とあわせ、エラーやミスの増加などによる作業効率の低下を防止することが主たる目的となっています。

　作業休止時間（10～15分間）は連続作業後、いったん情報機器作業を中止し、リラックスして遠くの景色を眺めたり、眼を閉じたり、身体各部のストレッチなどの運動を行ったり、情報機器作業以外の他の作業を行ったりするための時間であり、いわゆる休憩時間ではないことに注意しましょう。

　小休止とは、一連続作業時間の途中で取る1～2分程度の作業休止のことです。時間を定めないで、作業者自身が自由にとるようにしましょう。

適切な作業時間配分

- 一連続作業時間は1時間を超えないように。10～15分の作業休止時間＊を入れましょう。
- 一連続作業時間内で1回から2回は小休止を。

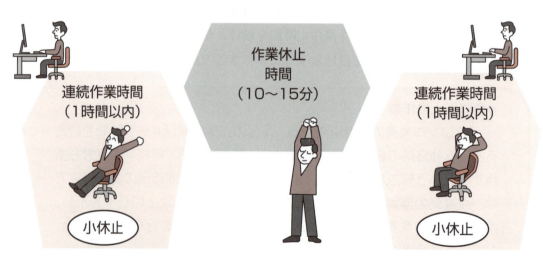

＊作業休止時間は、休憩時間ではなく、情報機器作業以外の作業を入れたり、ストレッチ運動をしたりする時間です。

3 情報機器の調整等

　情報機器作業は無駄な身体的負荷を与えないために、自然で無理のない姿勢で行うことが重要です。極端な前傾姿勢やねじれ姿勢を長時間継続させないよう、機器の位置を調整する必要があります。

(1) 作業台と椅子－無理のない作業姿勢を保つために－

　作業台には情報機器などの配置が自由に調整できるだけのスペースが必要です。
　作業台と椅子は、首、腕、腰背部、足などが無理のない姿勢を保てるように、高さなどを調整します。椅子に深く腰を掛けて背もたれに背を十分に当て、背を伸ばし、履物の足裏全体が床に接した姿勢が基本となります。
　椅子と大腿部・ひざ背面との間には、手指が押し入れられる程度のゆとりが持てるようにします。

(2) ディスプレイ

　デスクトップ型パソコンで好ましいとされている作業姿勢は、①ディスプレイの上端が眼の高さとほぼ同じか、やや下になるようにし、視距離は40cm以上確保する、②上腕と前腕の角度は90度以上で、キーボードに自然に手が届くようにする、とされています。
　ノート型パソコンでは機種によってはディスプレイ画面の大きさなどからディスプレイの高さが極端に眼より下になることがあります。やや下向きの目線になるよう設置しましょう。
　ディスプレイ画面とキーボードまたは書類との視距離の差は、情報機器作業における眼球運動から生じる眼疲労を軽減するため、極端に大きくなく、かつ、適切な視野範囲になるようにします。また、ディスプレイは個々の作業者にとって好ましい

やや下向き

位置、角度、明るさ等があることから、各自が調整する必要があります。
　ディスプレイに表示する文字の大きさは、小さくなりすぎないように調整します（おおむね 3mm 以上とするのが望ましいとされています）。
　なお、情報機器から発せられる青色光（ブルーライト）はサーカディアンリズムに影響を与えるとの研究があり、睡眠障害等の懸念が考えられる場合には、情報機器の使用の際に留意する必要があります。最近のほとんどの情報機器には、ブルーライトをカットする設定があります。スマートフォンやタブレット、パソコンであれば、ブルーライトを軽減するアプリケーションやナイトモードを使用すると軽減が図れます。

（3）入力機器

　多くの情報機器において、マウス等のポインティングデバイスのポインタの速度、ダブルクリックのタイミング等を変更することができるので、個々人の技能、好み等に応じて適切な速度に調節します。

（4）ソフトウェア

　表示容量、表示色数、文字等の大きさおよび形状、背景、文字間隔、行間隔等は作業の内容、作業者の技能等に応じ、個別に適切なレベルに調整します。

情報機器作業による心身の負担軽減のために…
○姿勢を変える
　　いくら無理のない姿勢でも、長時間同じ姿勢を続けていれば、首、肩、腰背部等に局所的な痛み、疲労感を感じます。何気なく足を組んだり、座り直すなどの動作をしたときは体が姿勢を変えてほしいというサインかもしれません。
○立ち上がる効用
　　単に立って座りなおすだけでも緊張した姿勢の緩和、血液循環の増加などの効用とともに、再び座ったときに姿勢が変わる効果もあります。

無理のない姿勢のポイント

情報機器作業を無理のない姿勢で行うためには、作業者に合わせた機器等の調整が大切です。

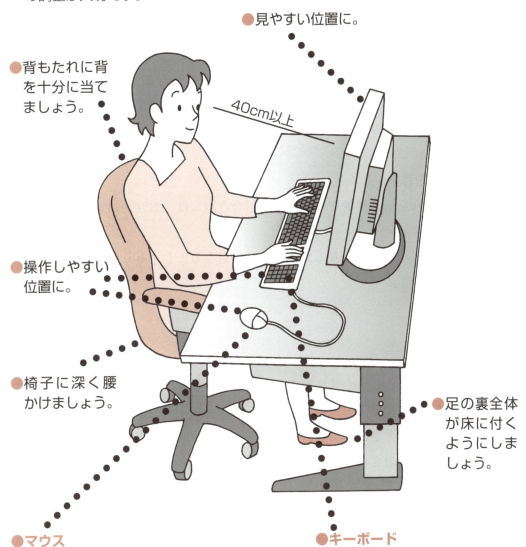

- 見やすい位置に。
- 背もたれに背を十分に当てましょう。
- 40cm以上
- 操作しやすい位置に。
- 椅子に深く腰かけましょう。
- 足の裏全体が床に付くようにしましょう。

●マウス
　マウスは手の大きさにあったものを使うことが大切です。動かすとき、クリックするときに力を入れすぎないようにし、カーソルの速さ、ダブルクリックの間隔は自分に使いやすく設定することが大切です。

●キーボード
　使いやすいキーボードとは文字が明瞭で読みやすく、ディスプレイから分離していて位置の調整が可能なものです。

4 みんなで取り組む作業改善

（1）みんなの工夫で

■みんなで考える

　働きやすさ、機器の使いやすさをそれぞれの人が考えることも大切ですが、「三人寄れば文殊の知恵」ということも昔から格言としていわれています。
　同じ職場の人たちがみんなで知恵を出し合うことも必要です。

■お互いの意見を尊重

　仕事による疲れを防ぐ対策をみんなで話し合う際には、お互いの意見を尊重する気持ちが必要です。
　疲れの感じ方には個人差があるため、意見が異なることもありますが、それも参考にはなるはずです。

（2）作業計画など

　作業計画の骨格は、仕事の受注契約など事業場レベルで決められますが、現在の作業計画や作業配分に工夫の余地はないでしょうか。
　一人だけでは改善できなくても、グループとしては能率を落とすことなく、特定の人に負荷がかかり過ぎないように作業計画を組んだり、作業配分を行うことができることもあります。
　自分で気付いた問題点や改善工夫に関する意見を上司に気軽に話すことのできる職場環境づくりが大切です。

第2章 配慮事項等

> ●● **ポイント**
> ●高齢者や身体の不自由な人が情報機器作業を行う際に配慮すべき事項を学びます。
> ●テレワークを行う際に留意すべき事項を学びます。

1 高齢者等に対する配慮事項

(1) 高齢者に対する配慮事項

　高年齢の作業者については、照明条件やディスプレイに表示する文字の大きさ等を作業者ごとに見やすいように設定するとともに、過度の負荷がかからないように作業時間や作業密度に対する配慮を行うことが望まれます。

　多くの場合、文字サイズ、輝度コントラスト等の表示条件は使用する機器の設定により調整することが可能です。また照明機器等も、天井に配置した全体照明とは別に局所に作業用照明機器を配置することにより、個人の特性に配慮した照度条件を実現できます

　また作業の習熟の速度が遅い作業者については、それに合わせて追加の教育、訓練を実施する等により、配慮を行うことが望まれます。

(2) 身体の不自由な作業者に対する配慮事項

　情報機器作業の入力装置であるキーボードとマウスなどが使用しにくい障がい等がある作業者には、例えば音声入力装置等を使用できるようにするなどの必要な対策を講じます。

　また、適切な視力矯正によってもディスプレイを読み取ることが困難な作業者に

は、拡大ディスプレイ、弱視者用ディスプレイ等を使用できるようにするなどの必要な対策を講じるようにします。

多くの情報機器には、筋力や視力等に障害があっても作業できるように、種々の支援機器・支援対策が準備されているので、利用しましょう。

2 テレワークを行う労働者が配慮する事項

事業者が業務のために提供している作業場以外でテレワークを行う場合については、事務所衛生基準規則、労働安全衛生規則および情報機器ガイドラインの衛生基準と同等の作業環境となるように配慮します。また、情報機器ガイドラインのほかに「情報通信技術を利用した事業場外勤務の適切な導入及び実施のためのガイドライン」(平成30年2月22日付け基発0222第1号、雇均発0222第1号「情報通信技術を利用した事業場外勤務の適切な導入及び実施のためのガイドラインの策定について」の別添1)＊も公表されているので、確認のうえ、必要な健康確保措置を講じましょう。

＊：https://www.mhlw.go.jp/content/000545678.pdf/

第3編

健康管理

第1章 情報機器作業の健康への影響

●● ポイント

- ●情報機器作業の特徴、疲労とその原因を理解します。
- ●眼に対する影響を体系的に学習します。
- ●筋・骨格系への影響を体系的に学習します。
- ●精神神経系への影響とメンタルヘルスケアについて学習します。

1 情報機器作業の特徴

▌情報機器作業は拘束的

　一般的に多くの情報機器作業は、座ったままの作業で、表示画面の文字情報などを注視するために眼（すなわち頭）の位置が制限され、かつキーボードやマウス等を操作するために同じような姿勢を維持し続けることから、拘束的または拘束性が強いといわれています。また、タブレット、スマートフォンの使用にあっても、注視したり、そのためにある一定の姿勢を維持し続けることがある場合には、これも拘束的であると言えます。

このように情報機器作業は拘束性が強いため、眼および肩、腕、腰背部などの筋・骨格系に疲労が生じます。

　厚生労働省の調査の「VDT作業における身体的な疲労や症状の内容」では、「目の疲れ・痛み」、「首・肩のこり・痛み」を感じる人の割合が高くなっています。ま

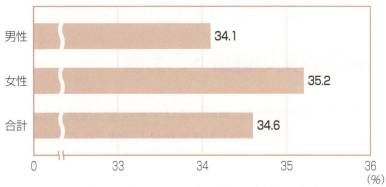

コンピューター機器を使用する仕事に対する精神的疲労・ストレス

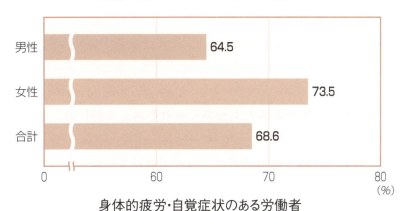

身体的疲労・自覚症状のある労働者

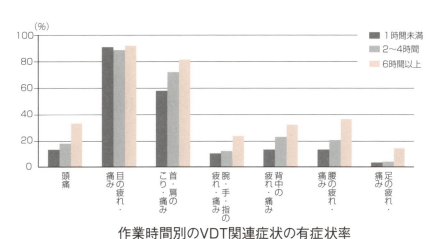

作業時間別のVDT関連症状の有症状率

（厚生労働省　平成20年度「技術革新と労働に関する実態調査」より）

た、作業時間が増えるに従い、症状を訴える人の割合も増加する傾向にあります。

▌情報機器作業は精神的負荷を与える

　情報機器作業では精神的疲労も生じますが、その原因としては例えば単純な情報入力作業による単調感、退屈感からくるストレス、限られた時間内での過大な情報処理や高度な判断を要求されることによるストレスなどがあげられます。

２ 情報機器作業の健康への影響

　情報機器作業による健康影響は、局所および全身の疲労現象が主因として発生すると考えられており、これらは主に①視機能症状、②筋・骨格系症状、③ストレス症状に分類されます。

　これらの疲労現象が継続することによる体調不良状態から病的な状態に進展しないよう健康管理を考える必要があります。

（1）疲労とその原因

　情報機器作業に従事している人たちが多く疲れを訴える部位は、眼、首、肩、腕、腰など多様です。

　作業の形態、機器の種類、職場の環境、作業姿勢などが多様なために、疲れの原因も一様ではないからです。

▌疲れたという感じ

　疲れは、生理的なものであり、行動に必ず伴うものです。寝疲れ、休み疲れというものまであります。

　特に、過大な負荷がかかって、生理的なバランスが崩れてくると問題が生じます。

▌疲れの原因

　疲れが生じる原因としては、作業そのものによる負荷、物理的環境、心理的環境などがあげられます。さらに作業者個人の健康状態や加齢なども影響します。そのために、原因が同じでも人によって疲れ方が違ってきます。

疲れの分類

さまざまな原因により生じる疲れを大きく分類してみると肉体的疲労、精神的疲労になりますが、両者が重なることも多いといえます。また、疲れが現れてくる部位による分類、疲労による機能(運動、感覚、精神)の変化についても考える必要があります。

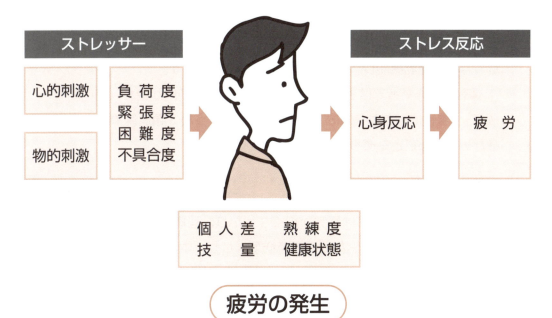

疲労の発生

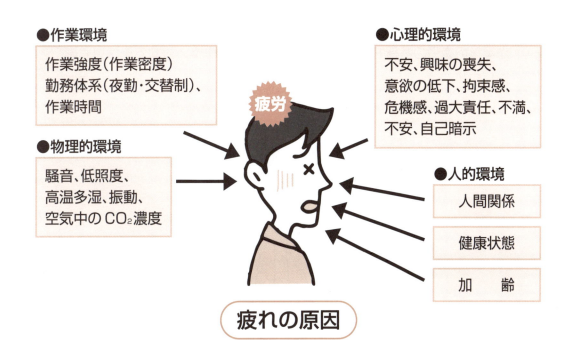

疲れの原因

疲労と機能変化

運動機能

　同じ姿勢を長時間続けたり、手などの同じ筋肉を連続的に使用したりすれば、やがて筋肉に疲労が生じます。そして、一定の筋力を維持できなくなり、運動機能レベルは次第に低下していきます。

　情報機器作業者では姿勢の拘束性が強いために筋肉が疲れ（静的筋肉疲労）、慢性的な首や肩などのこりや痛みといった「頸肩腕障害」の発症がみられることもあります。

感覚機能

　疲れが生じた場合には感覚が鈍くなったり、過敏になったりします。これは、末梢の感覚器官などの機能低下よりも、中枢の機能低下によることが大きいとされています。

精神機能

　心理的な負荷によって思考力などの精神機能が変化します。

　心理的な負荷の強い作業では、時間とともに機能低下が著しくなり、作業後の疲労の蓄積も大きくなります。また、作業に対する単調感も影響します。

(2) 視機能への影響

㋐ 視機能症状

　情報機器作業者の視機能に関わる症状は自覚症状として現れ、眼が疲れる、眼が乾く（ドライアイ）、眼が痛い、眼がチクチクする、眼が充血する、物がかすんで見える、物が見えづらい、涙が出る、目の前がちらちらする、眼に圧迫感がある、まぶたがヒクヒクするなど様々な症状が見られます。

　眼に関する疲労を表す言葉として、「眼疲労」と「眼精疲労」がありますが、一般には混用されている場合が多いです。

㋑ 視機能症状の要因

① ピント調節による疲労

　情報機器作業では比較的近いところを見て作業を行うことになります。そうすることによって眼は近方でピントを合わせるために調節する筋が緊張した状態となります。あわせて、ディスプレイ画面やキーボード、書類などさまざまなところを見て作業を行うと、視線を移動させるたびにピント調節していることになります。

　この状態を続けること（眼を休めない）で眼（調節する筋）が疲労し、一時的に調節機能が低下（ピントフリーズ）し、物がぼやける、物がかすんで見える状態になったり、眼が痛いなどという症状として現れます。

② 露出調整による疲労

　明るい場所、暗い場所を見るとき、光量に応じて瞳孔の大きさを調節し、光に対する感度調整をしています。

　明るい場所で暗い画面を見たような場合、光に対する感度調整が瞬時にはできませんので、画面などが見えにくくなります。また逆に暗い場所で明るい画面を見るような場合にはまぶしさが生じます。

　このように明暗の差が著しい場所で連続した状態で情報機器作業を行うと、明暗に対する感度調節が強いられることになり、眼の疲労として症状が現れます。

③ 視力の矯正の調整不十分等

　一般的な情報機器作業ではディスプレイ画面、キーボード、書類等を見て作業することになりますが、このとき、それぞれの作業面に対応できる視力等を有していない（ピント調節ができない）と眼はピント調節しようとして緊張します。

眼の疲労等

眼疲労

　眼が疲れる、眼が重い、ものがぼやけるなどの一般的かつ一時的な訴えのみで、単なる生理的な眼の疲労をいう場合が多く、病名あるいは症候群としての「眼精疲労」とは区別して使用されます。眼疲労を本人が自覚症状として訴えた場合でも、その訴えのみから直ちに眼精疲労とは判断できません。生理的疲労の場合は自覚的な疲労感が作業量と比例して生じますが、休息により回復し、翌日まで疲労が残ることはほとんどありません。しかし、眼疲労であっても、その負荷が過重になると蓄積疲労により眼精疲労状態になる可能性があります。

眼精疲労

　情報機器作業に限らず、視作業を続けることにより、物がぼやける、眼が痛む、涙が出る、眼と眼の間・鼻のつけ根・額の部分の圧迫感、不快感、さらには目まい、吐き気、胃の不快感などの不定愁訴を主体とする症候群を「眼精疲労」といいます。

　眼精疲労に共通した他覚的症状として近点距離、調節時間で代表される眼調節機能の異常が認められます。

ドライアイ（眼乾燥症）

　ドライアイは、涙液の減少あるいは乾燥により、眼の表面に障害を生ずる疾患です。情報機器作業では、コンタクトレンズの装用、湿度の低下、眼に直接当たる風、ディスプレイ画面が高すぎて上方視し大きく眼を見開く場合、読みとりにくい画面の凝視等によるまばたきの減少等が影響します。

この状態が続くと眼の疲労として症状が現れます。このため、情報機器作業に見合った適切な視力等の矯正をすることで疲労の軽減を図ります。

また、情報機器作業に使用する矯正レンズの度は情報機器作業を行う際の視距離に合わせて調整したほうが眼に負荷をかけません。例えば車の運転など遠方を見るためのものなどと、用途に応じて使い分けすることが肝要です。

④ ドライアイ

私たちは眼を開けて物を見ているとき、まばたきをします。まばたきの大きな役割は、㋐眼の表面を守るため涙で常に潤いを保たせるため、㋑眼の表面を守るため、涙でごみなどを拭い取るということです。つまり眼は常に眼の表面（角膜）が潤っている状態でなければならないということです（その他心理的要因によるまばたきがあります）。

ところが、情報機器作業を行う際に、目線が上向きになるような作業姿勢、顔に直接当たるような気流がある、湿度が低い環境での作業などの状況下では眼が乾きやすい状態となります。また、ディスプレイや書類などを凝視することによってまばたきの回数が減ってしまうことがあります。さらにコンタクトレンズの長時間連続使用による涙腺機能の低下から眼が乾きやすい状態となります。

このような状況下で連続して作業をすることで、眼の乾燥感、異物感、眼の痛み、眼が赤い、涙が出るなどといった症状が現れます。

(ウ) 見ることの調節力

人がものを見るとき、見るものにピントを合わせる働きを「調節」といいます。はっきり見えるときの状態は網膜上に焦点が結ばれた（ピントが合う）ことによるものです。

① 正視

調節がなくて遠くを見たとき、網膜上に焦点が結ばれた状態を「正視」といいます。物を見るとき最もリラックスした状態です。

② 近視

調節をしないで遠くを見たとき、網膜の前でピントが合う状態で、遠くがぼやけて見えにくくなります。

③ 遠視

網膜の後ろでピントが合う状態で、軽い遠視の場合、遠くははっきり見えて近くのものが見えにくくなります。遠視の程度が強くなると、遠くにも近くにもピ

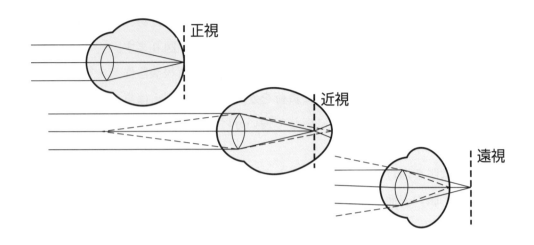

ントが合わない状態で常に調節していることになり、眼が疲れやすくなります。

④　乱視

　角膜や水晶体のひずみなどによって網膜上の一点にピントが合わない状態をいいます。乱視は近視、遠視と合併していることが多く、また、軽い乱視は自分では気付かないこともあり、眼の疲れの原因になっていることがあります。

　上記の近視・遠視・乱視はカメラでいうと焦点が合わないピンボケ状態であり、屈折異常が要因となります。

⑤　老視

　老視は誰にでも起こる眼の老化で、加齢と近点距離に関係してきます。水晶体の弾力性が弱まり調節力が低下した結果、近いところが見えづらくなる状態です。

　矯正をせず老視の状態でディスプレイ画面などを無理やり見ようとするとピント調節に大きな負荷がかかり、眼の痛みなどの症状が現れます。

　老視の場合は遠視と似たような状態をイメージしますが、老視は屈折異常ではなく、加齢に伴う調節機能の低下が要因となります。

　情報機器作業用の眼鏡としては、多焦点レンズよりも単焦点レンズを用いるほうが眼の疲れを防ぐことができるといわれています。

⑥　眼位

　「眼位」は左右の眼が向いている方向のことを言います。正常な状態では左右ともに真ん中に位置しています。正常な位置から視線が外にずれる場合を「外斜位」、内にずれる場合を「内斜位」といいます（「上斜位」、「下斜位」もある）。

　わずかな斜位はほとんどの人に見受けられるもので問題のない場合が多いので

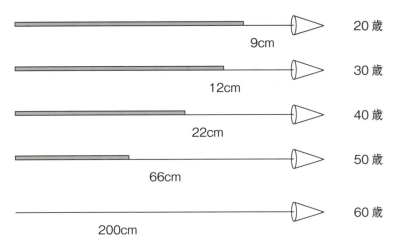

近点とは視標を眼に近づけていき、ぼやけ始める位置のことで、眼からその位置までの距離が近点距離です。

年齢と近点距離の関係（石原式）

すが、その程度と方向によっては視覚に影響を及ぼすことがあります。

　眼位にわずかな（日常生活で自覚のない）ずれがある場合、遠くを見る場合は眼に負荷はかかりません。しかし、もちろん程度にもよりますが、情報機器作業のように近くを見る場合は、両眼が真ん中に位置しようと努力するため、眼が疲れやすくなります。

(エ)　適正な矯正

　視力は年月とともに変化してくることが多いので、正しく調整したはずのレンズも次第に合わなくなってきます。視力検査だけでなく、眼鏡の検査も定期的に実施し、適正なレンズを使うようにしましょう。

　情報機器作業に使用する眼鏡を作るために検眼を受ける際には、情報機器作業時の視距離を伝えることが必要です。読書用の明視の距離に合わせた矯正は作業に適当でないことがあります。

(3)　筋・骨格系への影響

(ア)　筋・骨格系の症状

　情報機器作業による筋・骨格系への健康影響として、長時間連続して作業を行う

頸肩腕症候群の症状
疲労感………首・肩のこり、腕・手指が痛い、冷える、動きが悪い
慢性症状……首・肩のこり、肩、腕、手指に慢性の痛み、しびれ感、倦怠感、上肢の知覚鈍麻、知覚過敏、著しい手指の冷感
精神神経系の疲労…全身性疲労に発展

ことにより局所的な症状が現れてきます。一般的には、肩こり、首のこり、手首や腕のだるさ、背中の痛みなどです。このような症状を軽減することなくさらに作業を続けていくことで、これが慢性的になり、他覚的にもわかる筋肉の硬結や圧痛だけでなく、全身的症状に進展する場合もあります。このような症状になる職業性の症例は、「頸肩腕症候群」と呼ばれています。

(イ) 筋・骨格系症状の要因

　筋・骨格系症状を発する全般的な要因としては、前述の長時間連続して作業を行うことによる静的動作からの筋肉疲労とあわせて、不適切な作業姿勢を継続していることに起因することが多いと考えられます。

　不適切な作業姿勢については、例えば、「腕を中空状態で維持することで、首、肩のこりが生じた」という直接要因の背景には、「書類を置くスペースがなく、腕を中空にした状態でないと入力できない」、「机上が乱雑で体とキーボードの距離が遠い」など作業環境要因、作業者個人の要因が重なって生じる場合があります。

　また、例えば、「前傾姿勢で作業を続けていたことにより、腰部の痛み、肩のこりが生じた」という直接要因の背景には、「足元に荷物があり、机の下に足が十分に入らず前傾姿勢になった」、「ディスプレイを見る視力が合わず顔が前に出ることで前傾姿勢になった」などと作業管理要因、視機能に関する個人の調整不良による要因が重なって生じる場合もあります。

> コラム

スマホ首（ストレートネック）

　スマートフォンは2007年に米国で発売されて以降、全世界で爆発的に普及し、日本では2017年の個人のスマートフォンの保有率は60.9％となっています。また、端末別のインターネット利用率はスマートフォンが最も高く（59.7％）、パソコンの利用（52.5％）を上回る状況となっています。（総務省「平成30年通信利用動向調査」）

　2016年の総務省の調査でのスマートフォンの平日1日当たりの利用時間は全年代で61分であり、最も多い年代が20歳代で125分となっています。その一方で最近ではスマートフォンの使いすぎによる弊害が話題になっています。ここで取り上げる「スマホ首（ストレートネック）」もその一つです。

　頭を支える頸椎は本来、自然なカーブを描く形をして重い頭を支えています。しかし、姿勢が悪い人は、あごを突き出して前にうなだれてしまい、本来のカーブを描いていない場合があります。スマートフォンの利用時も、頸椎のカーブを損なう形になるため、普段よりも首や肩への負担が大きくなってしまいます。これが、いわゆるスマホ首（ストレートネック）といわれる状態です。特にスマホの利用が長くなりつつある近年においては、みなさんも慢性的に悪い姿勢をとり続けているかもしれません。

　スマホ首を防ぐには、まずはスマートフォンの長時間利用に留意することです。スマートフォンに触っているのが習慣化している場合は利用時間を減らす努力が必要と考えられます。スマートフォンの利用状況を把握するためのツールもあるので、それらを活用して自身の現状を把握することで、具体的な改善策を考えることもできます。

　また一方では、利用時間の削減が難しい場合も考えられるため、身体へのアプローチも重要です。首の骨の形状を整える動作である「ネック・リトラクション」（あごを引いて前に突出した首の位置を本来の位置に戻す動作）や、首や肩に対してマッサージやストレッチといったケアを日常的にすることも、スマホ首による弊害を防ぐためには大切です。

　今や日本ではスマートフォンがある生活が当たり前となりつつあり、街を見渡してみても、多くの人がスマートフォンを片手に生活を送っています。特に電車の中ではスマートフォンの利用率の高さを顕著に感じます。そこでは、立っている人も座席に座っている人も一様にうつむき、画面を見つめている光景をよく目にします。

　たまには画面から目を外し、目の前の景色や季節の変化を楽しむことも忘れないようにしたいものです。

（4）精神的疲労への影響

㋐ ストレス症状
　情報機器作業で現れる自覚症状には精神的なストレスによる反応があり、それには、眠れない、いらいらする、だるい、集中力がない、頭が痛い、などがあります。

㋑ ストレス症状の要因
　ストレス症状の要因は、情報機器作業を行うには適切でない環境要因、作業要因、作業に伴い表出した自覚症状に対するストレス、作業内容によるストレス（単調作業、責任の大きさ、締切り間近からのあせり、入力エラーの増加など）、人間関係の難しさ、家庭など作業外に係る様々な要因が複雑に絡み合って生じる場合が多く、正確に把握することが難しい場合が多いと言えます。

㋒ サーカディアンリズムへの影響
　最近の研究において情報機器から発せられる青色光（ブルーライト）はサーカディアンリズムに影響を与え、睡眠障害等が懸念されるとの報告があります。
　情報機器作業を終日行い、帰宅してからプライベートなどで、パソコン、スマートフォンなどを深夜まで使うようになると、ブルーライトの影響で、睡眠障害へと進展し、さらにメンタルヘルス不調にまで至る可能性があります。
　情報機器を使いすぎないように意識したライフスタイルを考えましょう。

> **サーカディアンリズム**
> 　生物は約24時間の周期で変動し、そのリズムの周期が光パルスや暗パルスによってリセットされる生理現象。

(5) 精神的疲労を防ぐために

　情報機器作業にも大きく関係しますが、現代人の疲れの特徴は精神的な疲れが増えていることだといわれます。ただでさえ、頭を使うことが主体の事務作業では、精神的な疲れが大きいのは当然のことと言えます。

　情報機器作業では作業環境要因、作業要因、心理的な要因などによりストレスを招きます。ストレスになりやすい条件を探しだし、その対策をみんなで考えることが必要です。

㋐　メンタルヘルスケア

　精神的な疲労を軽減するための方法として、心の健康づくり（メンタルヘルスケア）があり、進め方には次の4つがあります。

> ①　セルフケア
> 　情報機器作業者が自ら行うストレスへの気付きと対応
> ②　ラインによるケア
> 　情報機器作業の管理監督者が行う職場環境等の改善と相談への対応
> ③　事業場内産業保健スタッフ等によるケア
> 　産業医、保健師等による専門的なケア
> ④　事業場外資源によるケア
> 　事業場外の専門機関によるケア

　年に1回はストレスチェックを必ず受けて、自身のストレス状況に気づき、セルフケアに努めましょう。もし高ストレス者と判定された場合は、医師による面接指導を受けるようにしましょう。

㋑　ストレスの解消

　情報機器作業においてさまざまな要因からストレスが生じることは前述しましたが、これが蓄積され、適切な対処もないまま放置するとメンタルヘルス不調につながっていく可

能性があります。ストレスをためこまないように発散することも心掛けましょう。

　日常の作業においては、作業の合間に簡単な「伸び」をするだけでもストレスの解消になります。作業休止時間を有効に活用し、席を外してストレッチをするなどストレスの解消に努めましょう。

　㈱　日常生活でのリフレッシュ

　健康づくりにおいて「運動」「栄養」「休養」という3要素があります。「運動」はウォーキングなど日常で楽しくできる運動をいいます。栄養はバランスの取れた食生活、休養は睡眠などをイメージしますが、この中には「仕事を離れ、趣味を持ち行動する」といったような「積極的な休養」という意味も含まれています。心地よい汗をかくような運動、おいしく食べることができる食事、積極的な休養、いずれをとっても心をリフレッシュさせるには有効な手段と言えます。

3 情報機器作業による健康影響の要因

　情報機器作業に伴う健康への影響は視機能、筋・骨格系、ストレスに関わる症状として現れることを述べてきました。その要因は「作業環境要因」「作業要因」「作業者個人による要因」に大別されます。これらの要因が複雑に重なり合うことで自覚症状として現れ、これをそのままにしておくと慢性的な疾患や精神的な症状へ進展するリスクが高くなります。

作業環境要因

項目	内容	対策例
光環境	低すぎる照度・採光	デスクライトの設置、蛍光灯の増設など
	明るすぎる照度・採光	蛍光灯の間引き、作業場所レイアウトの変更、窓からの採光の場合、外光の遮断の工夫など
	視界内のグレア（まぶしい光）	ディスプレイ位置の変更、ルーバーの使用、外光の遮断の工夫、作業場所レイアウトの変更など
空気環境	低湿度	エアコンの湿度調節、加湿器の設置など
	外気との温度差	エアコンの湿度調節、換気の励行など
	作業者への強い気流	気流の調節、作業場所のレイアウトの変更など
情報機器	小型ノートパソコンでの長時間作業・高密度作業等	デスクトップ型パソコンへの変更
	手に適さない形状のマウス等	手の大きさに適したマウスへの変更、作業に適した入力機器の導入など
	体格に見合わないノートパソコンの使用	デスクトップ型パソコンへの変更、外付け型キーボードの設置など
什器	小さい作業机	作業に適した広さの机・作業台の設置
	不適切な椅子	情報機器作業に見合った椅子の設置
騒音環境	プリンター、シュレッダー等の騒音	作業室以外の場所への移動、防音効果のあるパーティション等での隔離など
その他	休憩場所がない	休憩場所の確保

作業要因

項目	内容	対策例
作業時間	1時間以上の連続作業	作業休止時間の取得励行
	1日の総作業時間が長い	業務量の配分等の調整、作業の効率化、作業時間管理の啓発など
作業要因	個々の作業能力を超えた業務量	個々の作業能力に配慮した業務量の調整
	締切り等による拘束性の増加	拘束性の増加を見据えた業務計画の調整
什器	狭い作業スペース、整理されていない机上	作業に適した広さの机・作業台の設置、机上の整理整頓など
作業姿勢	情報機器作業に適切でない作業姿勢	腕や手首を乗せる支持台の設置、机上の整理整頓など
ソフトウェア	表示容量の過多、表示色数、文字等の大きさ等が適切でない状況での作業	作業者に適した調整

作業者要因

項目	内容	対策例
視力	近見視力（50cm）が不良	視力矯正具の使用または使用している矯正具の調整
視力矯正具	視力矯正具の管理不十分	視力矯正具の調整
体格	足が床面につかない	足台の使用
作業姿勢	前傾または後傾での作業姿勢	矯正具の使用または使用している矯正具の調整、
	腕が中空状態での作業	書面台の使用、整理整頓等により腕、手首が自然に置ける場所の確保、机の下の足元の整理整頓など
	不適切な椅子の座り方	作業に適した座り方の意識の高揚、机の下の足元の整理整頓など
年齢	老視	近作業用矯正具の作成または調整、見やすいフォントの拡大など
ライフスタイル	業務外でのパソコン、スマートフォンなど長時間使用、深夜までの使用等	健康影響に対する認識、意識の高揚など

4 「動かない」ことの弊害に注意

　現代のライフスタイルは、職場・自宅などのさまざまな場面において座位を主体とした静的な活動になりがちです。国では2013年に「健康日本21（第二次）」を展開し、その取組みの一環として世代に応じた身体活動量（生活活動、運動）の基準を策定するなど、私たちのライフスタイルにおいて「動く」ということが重要視されています。

　情報機器作業による健康影響はこれまでに述べてきたように、座位による拘束性の強い作業であることから「静的疲労」を招くものです。この静的疲労を防止、軽減するためには、「動く」ということが重要になってきます。日頃の情報機器作業による疲労解消のため、健康保持増進のため、「動く」ことを意識する必要があります。

▌動くための工夫

　仕事中には立ち上がりにくいものですが、少し立って座るだけでも座りっぱなしよりはましです。できるだけ立ち上がる工夫をしましょう。日常生活の中でも機会を見つけて、できるだけ身体を動かすことが大切です。無精は禁物です。

▌作業休止時間の活用

　手待ち時間や作業休止時間には立ち上がって、身体を動かすことが必要です。
　休止時間には単に身体を休ませる時間としてよりも、作業時間とは異なる行動のために利用することが望まれます。

> コラム

「座り過ぎ」の健康影響

　前項で動かないことの弊害について記しましたが、近年、身体活動不足が世界的に問題視されています。

　健康への課題としての身体活動（生活活動*・運動）について、国内外で活発に研究が行われており、その成果が国際的な枠組みや各国の施策に活用されています。

　WHO（世界保健機関）の報告書（Global Health Risks（2009））では、世界の主な死亡の危険因子は「高血圧」（12.8％）、「喫煙」（8.7％）、「高血糖」（5.8％）で、これに続く第4位の危険因子が「身体活動不足」（5.5％）となり、これは「過体重および肥満」（4.8％）、「高コレステロール（脂質異常）」（4.4％）より高い数値となったことを公表しています。

　WHOでは2010年に身体活動不足の対策として「健康のための身体活動に関する国際勧告」を発表しています。

　国内では、生活習慣病予防を主目的として2006年に「健康づくりのための運動指針2006」等を策定し、身体活動・運動に関する普及啓発等に取り組んできました。その後、身体活動に関する科学的知見が蓄積されていること、2013年度から健康日本21（第二次）が開始することから、新たな科学的知見に基づき改定を行い、「健康づくりのための身体活動基準2013」および「健康づくりのための身体活動指針（アクティブガイド）」として取りまとめ、身体活動の必要性、重要性を認識し、地域や職場で活用され広く普及していくものとしています。

　このようにさまざまな技術の進展による「便利さ」と引き換えにもたらされた身体活動不足は現代人の生活にとって重要な課題になっています。意識をしないと座位行動を上回る身体活動を得ることができず、「座り過ぎる」行動が健康の確保に大きな影響を及ぼしていると言っても過言でありません。その中で、情報機器作業のような座る姿勢が多い人たちにとって、座り過ぎは健康寿命を延ばす上で、非常に大きな問題であるといえます。つまり、私たちの健康寿命を延ばすためには、座り過ぎない対策をしていく必要があるのです。

　座り過ぎの対策は、個人での対策、組織での対策、作業環境への対策と大きく3つに分けることができます。

　個人での対策の例として、①違う階のトイレを使用する、②昼食はデスクで食べないで他の場所で食べる、③一定時間ごとにパソコンのデスクトップ上に座り過ぎの注意を促すメッセージが表示されるようにする、④スマホアプリを活用した健康プログラムの活用をする、などといったものが挙げられます。

　次に組織での対策の例として、①立った状態での会議（スタンディングミーティング）の導入、②社内ではメールや内線ではなく対面式コミュニケーションを促進する、③ポスターや朝礼等での普及啓発活動、④座り過ぎが及ぼす健康影響の研修の実施、などが挙げられます。

最後の環境への対策の例は、①スタンディングデスクの導入、②立った状態で休憩できる休憩所の設置、③プリンター等の共有機器の設置場所を工夫する、などが挙げられます。
　また、どれか一つの対策だけを実行するのではなく、例えば個人と組織を組み合わせた包括的な対策を実行するということも有効です（例：違う階のトイレの使用を職場全体で実行していく）。
　みなさんの職場ではどのような対策が実行できるでしょうか。上記以外にも、さまざまな対策を挙げることができると思います。しかし、対策が多く挙がることは良いことですが、いきなり多くの対策を実践するというのは難しいものです。個人もしくは職場に合った対策をできることから実践していくことをお勧めします。
　働く上で、常に立った状態で働くというのは難しいことであると思います。しかし、そんな中でも健康で働くためには、上記のような対策を考慮し実行していくことが望まれます。是非、個人または職場全体で座り過ぎに対して向き合ってみてはいかがでしょうか。

＊生活活動：日常生活における労働、家事、通勤・通学などの身体活動を指す。
　運動：スポーツ等の特に体力維持・向上を目的として計画的、意図的に実施し、継続性のある身体活動を指す。

（厚生労働省「健康づくりのための身体活動基準2013」より抜粋）

第2章 健康管理の方法

●● ポイント

- ●情報機器作業者の健康を守るための、健康管理のポイントを理解します。
- ●健康診断や健康相談、職場体操について学習します。

　情報機器作業から作業者の健康を守るためには、作業の負荷をできるだけ少なくして疲労などを蓄積しない範囲にとどめるようにすることが必要です。したがって、作業負荷と、その負荷を受ける側の対応能力とのバランスを考えていかなければなりません。

　作業負荷を軽減するための対策が、事業場等における作業環境管理・作業管理であり、作業負荷を受ける側の対応能力の保持・増進を図っていくのが健康管理です。

　仕事の負荷が一様でないように、負荷への対応能力も一様ではありません。その能力の保持・増進と負荷への対応能力の向上を図ることが大切です。

　対応能力や適応能力のチェックを行うのが健康診断であり、対応能力の保持・増進、適応状態の改善対策として健康診断結果に基づく事後措置、健康相談が行われます。そして、さらに積極的な対策としての健康づくりがあります。

1 情報機器作業に係る健康診断

(1) 情報機器健康診断の意義と活用

　情報機器作業における症状は、視機能、筋・骨格系に関わる自覚症状、およびストレスに関わるさまざまな自覚症状が現れます。このことから自覚症状を十分にチェックすることにより健康影響の状況を把握することができます。

　情報機器作業に係る健康診断（以下「情報機器健康診断」という。）は、作業者の健康状態を正しく把握し、健康障害の防止を図るために行われます。ですから、受身の形で受診するのではなく、疲れなどの状態を正確に伝え、正しい検査結果が出るようにするなど、健康診断を積極的に活用しましょう。

(2) 情報機器健康診断の種類

　情報機器健康診断には、新たに情報機器作業を行うこととなった作業者（再配置の作業者を含む）について実施する"配置前健康診断"と配置後に定期に実施する"定期健康診断"の2種類があります。

㋐　配置前健康診断

　これまでの職歴、かかった病気、現状での自覚症状を調査し、さらに眼科学的検査、筋・骨格系に関する検査等を行うことにより、配置前の健康状態を把握します。これにより、その後の健康管理を適正に進めるための基礎情報を得るために行われます。

㋑　定期健康診断

　情報機器作業者の健康状態を定期的に把握し、継続的な健康管理を適正に進めるため、情報機器作業の作業区分（序章「作業区分」参照）に応じ、その作業者について、1年以内ごとに1回定期に実施します。

㋒　情報機器健康診断項目

　情報機器作業者に対する健康診断項目は以下のようになります。

情報機器作業に関する健康診断の概略

配置前健康診断	定期健康診断
○業務歴の調査 ○既往歴の調査 ○自覚症状の有無の調査（問診）	○業務歴の調査 ○既往歴の調査 ○自覚症状の有無の調査（問診）
○眼科学的検査 ・遠見視力の検査（矯正視力のみでよい） ・近見視力の検査（50cm視力または30cm視力）（矯正視力のみでよい） ・屈折検査（問診、遠見視力及び近見視力に異常がない場合は、省略可） ・眼位検査（自覚症状のある者のみ） ・調節機能検査（自覚症状のある者のみ）	○眼科学的検査 ・遠見視力の検査（矯正視力のみでよい） ・近見視力の検査（50cm視力または30cm視力）（矯正視力のみでよい） ・眼位検査（医師の判断による。40歳以上の者が対象。問診、遠見視力および近見視力に異常がない場合は、省略可） ・調節機能検査（40歳以上の者が対象。問診、遠見視力および近見視力に異常がない場合は、省略可） ・その他医師が必要と認める検査
○筋・骨格系に関する検査 ・上肢の運動機能、圧痛点等の検査（問診において異常が認められない場合は、省略可） ・その他医師が必要と認める検査	○筋・骨格系に関する検査 ・上肢の運動機能、圧痛点等の検査（問診において異常が認められない場合は、省略可） ・その他医師が必要と認める検査

▎業務歴の調査

問診票等を用いて、過去の情報機器作業業務等について記入します。

▎既往歴の調査

問診票等を用いて、過去の情報機器作業による疾病のほか、一般疾病についても記入する事項があれば記入します。

▎自覚症状の有無の検査

問診票等を用いて、以下に関する事項について作業者自身が感じる症状を記入します。

○眼疲労を主とする視器に関する症状
○上肢、頸肩腕部および腰背部を主とする筋・骨格系の症状
○ストレスに関する症状

▎眼科学的検査

○視力検査

① 遠見視力の検査

ふだんの遠方視時(外を歩くなど)の屈折状態(裸眼、眼鏡、コンタクトレンズ)で検査を行います。

② 近見視力の検査

ふだんの作業時の屈折状態(裸眼、眼鏡、コンタクトレンズ)で検査を行います。通常、50cm視力を測定しますが、ふだんの情報機器作業距離がより近い場合には30cm視力を測定することが望まれます。

近見視力の検査はディスプレイの視距離に相当する視力が適正なレベルとなるよう指導することが目的であり、近見視力は、片眼視力(裸眼または矯正)で両眼ともおおむね0.5以上が望ましいとされています。

○屈折検査

裸眼または眼鏡装用者は、裸眼での屈折状態をオートレフラクトメータで測定し、コンタクトレンズ装用者は、着脱可能な場合は裸眼で、困難な場合はレンズ装用下で測定します。

また、使用眼鏡の度数測定をレンズメーターで行います。コンタクトレンズ装用者は、可能であれば使用レンズの度数を聴取します。

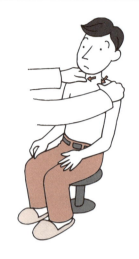

○眼位検査、調節機能検査

　眼位検査については、交代遮蔽試験または眼位検査付き視力計で斜位の有無を検査します。調節機能検査については、ふだん情報機器作業を行っている矯正状態での近点距離を測定します。

■**筋・骨格系に関する検査**

　この検査項目は、上肢に過度の負担がかかる作業態様に起因する上肢障害、その類似疾病の症状の有無等について検査するためのものです。

　問診票等に記入された自覚症状をもとに、下記の項目について検査を行います。

○上肢の運動機能、圧痛点等の検査

　① 指、手、腕等の運動機能の異常、運動痛等の有無

　② 筋、腱、関節（肩、ひじ、手首、指等）、頸部、腕部、背部、腰部等の圧痛、腫脹等の有無

○その他医師が必要と認めた検査

　問診票等および上記の検査を実施した結果、医師が必要と判断した場合には、検査項目の追加が行われます。

2 健康診断結果に基づく事後措置

　健康診断は健康診断を受けることが目的ではなく、健康診断結果に基づいてどのように対応するかが大きな目的になります。情報機器作業の健康診断も一般の健康診断と同様、事業者、作業者双方がその結果を知ることになります。

　事業者側から見ると、例えば情報機器作業者全員に特段の所見等が見当たらないという結果を得たならば、少なくとも現状での作業環境、作業状況を維持、継続することとなります。もし、情報機器作業者の中に所見が認められる作業者がいた場合、事業者はその作業者の健康を確保する責務から健康診断結果に対応した作業環境の改善や作業管理に関する改善等を考慮することになります。

　作業者自身においては、健康診断結果を見つめなおし、作業者自らができる情報機器作業の環境改善や作業改善や後述の健康相談を積極的に受ける、ライフスタイルを見直す、さらに産業医等の指示があれば放置しないで専門医を受診する等自身の健康を確保するための措置を講じましょう。

　また、健康障害や疲労症状の職場外要因としては、私的時間における長時間にわたるスマートフォンやパソコンの利用、ゲームを長時間行う等の直接的な眼疲労の原因となるもののほかに、生活習慣、悩み事等の間接的な疲労要因も考えられますので、問診票等で医師に伝えて指導を受けるようにしましょう。

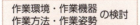

3 健康相談の積極的活用

　健康相談の機会を設けている職場では、産業医や保健師、看護師などといった産業保健スタッフに相談できる環境があります。情報機器作業における健康上の問題は、疲労の蓄積から慢性疲労、ストレス等による症状、メンタルヘルス不調、健康上の不安など、さまざまです。

　「こんなことで」と思わず、健康相談を活用することで、早い時点で有効な対策が取れれば、健康障害が予防の上で大きな意義を持つことになります。労働を含む健康的なライフスタイルの維持のために積極的に健康相談を活用しましょう。

　なお、健康相談を設ける側は、作業者が気軽に健康について相談し、適切なアドバイスが受けられるようにプライバシー保護への配慮、さらにはパートタイム労働者等を含む全ての作業者が相談しやすい環境を整備することが必要となります。

4 職場体操

▎なぜ必要か

　職場体操は、工場や運輸関係の職場で以前から熱心に行われてきました。もちろんそれは身体を使う作業であるためです。しかし、事務職場でも職場体操が取り入れられるようになりました。その理由は座り過ぎ対策のためといえます。

　オフィスではIT化が急速に進み、ますます身体を動かす必要がなくなってきました。動かなくては、人間の身体機能は低下します。職場体操は、それに対する効果的な対策いえます。

▎いつ行うか

　作業休止時間は、身体をただ休ませるための時間ではありません。連続作業後、いったん情報機器作業を中止し、リラックスして遠くの景色を眺めたり、あるいは作業中ほとんど使用しなかった身体各部を適度に動かすなどの運動を行うために利用したいものです。

　職場体操は、座り過ぎの解消のために作業休

止時間を活用する良い例です。また、1〜2分間の小休止時間をとるときにも、ツボ押しや次頁のような体操を行うようにしましょう。

作業の合間にリフレッシュ

姿勢を変える、遠くを眺める、ツボ押しや体操をする

ツボ押し

① こめかみのツボ（太陽穴）
こめかみを親指の腹で押さえる。

② 鼻の付け根と目頭のツボ（晴明穴と攅竹穴）
目頭と鼻柱の間のへこみから眉毛の内側の生えぎわの下方にかけて親指の腹で押さえる。

③ 両頬のツボ（四白穴）
前方を正視したときの瞳の約3cm下の両頬のくぼみを人差し指で押さえる。

④ 耳たぶのツボ
耳たぶを親指と人差し指でつまんでもむ。

職場体操

①首まわし
首をゆっくりと横に曲げたり、回したりする。

②胸をひらく
左右の肩甲骨を引き寄せるようにする。

③背中を丸める
おへそを見るようにゆっくりと首を曲げていく。

④背伸び、前曲げ
両手を上げ、後方に背中をゆっくりそらす。次に首、腕、背中の力を抜いて上体を前に落とす。

⑤肩まわし
軽くひじを曲げて、ゆっくり大きく回す。

⑥足首曲げ伸ばし
軽く両足を上げ、足首を曲げたり伸ばしたりする。

参考　関連通達

法令・通達とは

　法令とは、法律とそれに関係する政令、省令、告示等を含めた総称です。

　法律は、国が企業や国民にその履行、遵守を強制するもので、守るべき基本的なことと、守られないときにはどのような処罰を受けるかが示されています。具体的に行うことが何かについては、政令や省令、告示によって明らかにされています。

種類	内容	名称	例
法律	国会が制定する規範。	「〇〇法」	労働安全衛生法
政令	内閣が制定する命令。	「〇〇法施行令」等	労働安全衛生法施行令
省令	各省の大臣が制定する命令。	「〇〇規則」	労働安全衛生規則
告示	国や自治体が、一定の事項を法令に基づき広く知らせるもの。		安全衛生特別教育規程

　通達とは、法令の適正な運用のために行政内部で発出される文書のことで、上級の行政機関が下級の機関に対して、法令の具体的判断や取扱基準を示すものと、法令の施行の際の留意点や考え方などを示したものがあります。「情報機器作業における労働衛生管理のためのガイドライン」は通達に当たります。

② 情報機器作業における労働衛生管理のためのガイドライン

（令和元年7月12日　基発0712第3号）

1　はじめに

平成14年4月5日付け基発第0405001号「VDT作業における労働衛生管理のためのガイドライン」（以下「VDTガイドライン」という。）の基本的な考え方は、次のとおりである。

VDT（Visual Display Terminals）作業に従事する者の心身の負担を軽減するためには、事業者が作業環境をできる限りVDT作業に適した状況に整するとともに、VDT作業が過度に長時間にわたり行われることのないように適正な作業管理を行うことが重要である。

また、作業者が心身の負担を強く感じている場合や身体に異常がある場合には、早期に作業環境、作業方法等の改善を図り、VDT作業を支障なく行うことができるようにする必要がある。そのためには、事業者が作業者の健康状態を正しく把握し、できるだけ早い段階で作業者の健康状態に応じた適正な措置を講ずることができるよう、作業者の健康管理を適正に行うことが重要である。

VDTガイドラインは、このような考え方により、VDT作業における作業環境管理、作業管理、健康管理等の労働衛生管理について、産業医学、人間工学等の分野における知見に基づき、作業者の心身における知見に基づき、作業者の心身の負担を軽減し、作業者が情報機器作業を支障なく行うことができるよう支援するために事業者が講ずべき措置等について示したものである。

一方、平成14年にVDTガイドラインが策定されて以降、ハードウェア及びソフトウェア双方の技術革新により、職場におけるIT化はますます進行している。これに伴い、ディスプレイ、キーボード等により構成されるVDT機器のみならずタブレット、スマートフォン等の携帯用情報機器を含めた情報機器が急速に普及し、これらを使用して情報機器作業を行う労働者の作業形態はより多様化しているところである。

具体的には、
① 情報機器作業従事者の増大
② 高齢労働者も含めた幅広い年齢層での情報機器作業の拡大
③ 携帯情報端末の多様化と機能の向上
④ タッチパネルの普及等、入力機器の多様化
⑤ 装着型端末（ウェアラブルデバイス）の普及

等の変化が起こっている。

上記①、②については、総務省「通信

参考

利用動向調査」によれば、事業所のパーソナルコンピュータ（以下「パソコン」という。）保有率は、平成14年時点で9割に達し、多くの労働者が情報機器を使用する作業に従事している。VDTガイドラインが念頭に置いているパソコン等情報機器を使用して行う作業における健康障害に関する知見は、ここ10年大きな変化はなく、パソコン等情報機器を使用して行う作業における労働衛生管理については、引き続き取組が必要である。

　一方、上記③から⑤までに関連し、VDTガイドラインでは、主にデスクトップ型パソコンやノート型パソコンを使って机で集中的に作業するという作業様態が念頭に置かれていたが、「平成29年通信利用動向調査」によれば、例えば、個人のインターネットの利用機器の状況がパソコンよりもスマートフォンが上回るなど、使用される情報機器の種類や活用状況は多様化している。

　このような状況を踏まえ、VDTガイドラインの基本的な考え方について変更せず、従来の視覚による情報をもとに入力操作を行うという作業を引き続きガイドラインの対象としつつ、情報技術の発達や、多様な働き方に対応するよう健康管理を行う作業区分を見直し、その他、最新の学術的知見を踏まえ、別添のとおりガイドラインを見直した。

　なお、VDTの用語が一般になじみがないこと、また、上述のとおり多様な機器等が労働現場で使用されていることを踏まえ、今般「VDT」の用語を「情報機器」に置き換え、「情報機器作業にお

ける労働衛生管理のためのガイドライン」（以下「情報機器ガイドライン」という。）を定めることとした。

2　対象となる作業

　対象となる作業は、事務所（事務所衛生基準規則第1条第1項に規定する事務所をいう。以下同じ。）において行われる情報機器作業（パソコンやタブレット端末等の情報機器を使用して、データの入力・検索・照合等、文章・画像等の作成・編集・修正等、プログラミング、監視等を行う作業をいう。以下同じ。）とし、別紙「情報機器作業の作業区分」（以下「別紙」という。）を参考に、作業の実態を踏まえながら、産業医等の専門家の意見を聴きつつ、衛生委員会等で、個々の情報機器作業を区分し、作業内容及び作業時間に応じた労働衛生管理を行うこととする。

　具体的には、別紙に定める
・「作業時間又は作業内容に相当程度拘束性があると考えられるもの（全ての者が健診対象）」については、4から8まで及び9(1)
・「上記以外のもの（自覚症状を訴える者のみ健診対象）」については、4から8まで及び9(2)

に記載された労働衛生管理を原則として行うこと。ただし、全てを一律に行うのではなく、対策の検討に当たっては、3の「対策の検討及び進め方に当たっての留意事項」を参照の上進めること。

　なお、情報機器作業における労働衛生管理のほか、心の健康への対処について

は、「労働者の心の健康の保持増進のための指針」（平成18年3月31日健康保持増進のための指針公示第3号、平成27年11月30日同第6号）に基づき必要な措置を講ずること。さらに、情報機器作業のみならず、情報機器作業以外の時間も含めた労働時間の把握、長時間労働の抑制に向けた取組、長時間労働者に対する医師の面接指導などによる健康確保についても必要な措置を講じること。

また、事務所以外の場所において行われる情報機器作業、自営型テレワーカーが自宅等において行う情報機器作業及び情報機器作業に類似する作業についても、できる限り情報機器ガイドラインに準じて労働衛生管理を行うよう指導等することが望ましい。

3 対策の検討及び進め方に当たっての留意事項

事務所における情報機器作業が多様化したこと、また、情報機器の発達により、当該機器の使用方法の自由度が増したことから、情報機器作業の健康影響の程度についても労働者個々人の作業姿勢等により依存するようになった。そのため、対策を一律かつ網羅的に行うのではなく、それぞれの作業内容や使用する情報機器、作業場所ごとに、健康影響に関与する要因のリスクアセスメントを実施し、その結果に基づいて必要な対策を取捨選択することが必要である。

したがって、対策の検討に当たっては、
① 情報機器作業の健康影響が作業時間と拘束性に強く依存することを踏まえ、「5 作業管理」に掲げられた対策を優先的に行うこと。
② 情報機器ガイドラインに掲げるそれぞれの対策については、実際の作業を行う労働者の個々の作業内容、使用する情報機器、作業場所等に応じて必要な対策を拾い出し進めること。

を原則的な考え方として進めること。

また、対策を進めるに当たっては、以下の点に留意する必要がある。
① 事業者は、安全衛生に関する基本方針を明確にし、安全衛生管理体制を確立するとともに、各級管理者、作業者等の協力の下、具体的な安全衛生計画を作成すること。また、作成した計画に基づき、作業環境の改善、適正な作業管理の徹底、作業者の健康管理の充実等の労働衛生管理活動を計画的かつ組織的に進めていく必要があること。
② 作業者がその趣旨を理解し、積極的に措置の徹底に協力することが極めて重要であるので、適切な労働衛生教育を実施することが不可欠であること。
③ 情報機器ガイドラインは、主な情報機器作業を対象としたものであるので、各事業場においては、これをもとに、衛生委員会等で十分に調査審議すること。また、情報機器を使用する作業の実態に応じて、情報機器作業に関する労働衛生管理基準を定めるとともに、当該基準を職場の作業実態によりよく適合させるた

め、衛生委員会等において、一定期間ごとに評価を実施し、必要に応じて見直しを行うことが重要であること。

④　この基準をより適正に運用するためには、労働安全衛生マネジメントシステムに関する指針（平成11年労働省告示第53号）に基づき、事業者が労働者の協力の下に一連の過程を定めて継続的に行う自主的な安全衛生活動の一環として取り組むことが効果的であること。

4　作業環境管理

作業者の心身の負担を軽減し、作業者が支障なく作業を行うことができるよう、次により情報機器作業に適した作業環境管理を行うこと。

(1)　照明及び採光

イ　室内は、できる限り明暗の対照が著しくなく、かつ、まぶしさを生じさせないようにすること。

ロ　ディスプレイを用いる場合のディスプレイ画面上における照度は500ルクス以下、書類上及びキーボード上における照度は300ルクス以上を目安とし、作業しやすい照度とすること。

また、ディスプレイ画面の明るさ、書類及びキーボード面における明るさと周辺の明るさの差はなるべく小さくすること。

ハ　ディスプレイ画面に直接又は間接的に太陽光等が入射する場合は、必要に応じて窓にブラインド又はカーテン等を設け、適切な明るさとなるようにすること。

ニ　間接照明等のグレア防止用照明器具を用いること。

ホ　その他グレアを防止するための有効な措置を講じること。

(2)　情報機器等

イ　情報機器の選択

情報機器を事業場に導入する際には、作業者への健康影響を考慮し、作業者が行う作業に最も適した機器を選択し導入すること。

ロ　デスクトップ型機器

(イ)　ディスプレイ

ディスプレイは、次の要件を満たすものを用いること。

a　目的とする情報機器作業を負担なく遂行できる画面サイズであること。

b　ディスプレイ画面上の輝度又はコントラストは作業者が容易に調整できるものであることが望ましい。

c　必要に応じ、作業環境及び作業内容等に適した反射処理をしたものであること。

d　ディスプレイ画面の位置、前後の傾き、左右の向き等を調整できるものであることが望ましい。

(ロ)　入力機器（キーボード、マウス等）

a　入力機器は、次の要件を満たすものを用いること。

(a)　キーボードは、ディスプレイから分離して、その位置が作業

者によって調整できることが望ましい。
(b) キーボードのキーは、文字が明瞭で読みやすく、キーの大きさ及びキーの数がキー操作を行うために適切であること。
(c) マウスは、使用する者の手に適した形状及び大きさで、持ちやすく操作がしやすいこと。
(d) キーボードのキー及びマウスのボタンは、押下深さ（ストローク）及び押下力が適当であり、操作したことを作業者が知覚し得ることが望ましい。

b 目的とする情報機器作業に適した入力機器を使用できるようにすること。

c 必要に応じ、パームレスト（リストレスト）を利用できるようにすること。

ハ ノート型機器

(イ) 適した機器の使用
目的とする情報機器作業に適したノート型機器を適した状態で使用させること。

(ロ) ディスプレイ
ディスプレイは、上記ロの（イ）の要件に適合したものを用いること。
ただし、ノート型機器は、通常、ディスプレイとキーボードを分離できないので、長時間、情報機器作業を行う場合については、作業の内容に応じ外付けディスプレイなども使用することが望ましい。

(ハ) 入力機器（キーボード、マウス等）
入力機器は、上記ロの(ロ)の要件に適合したものを用いること。
ただし、ノート型機器は、通常、ディスプレイとキーボードを分離できないので、小型のノート型機器で長時間の情報機器作業を行う場合については、外付けキーボードを使用することが望ましい。

(ニ) マウス等の使用
必要に応じて、マウス等を利用できるようにすることが望ましい。

(ホ) テンキー入力機器の使用
数字を入力する作業が多い場合は、テンキー入力機器を利用できるようにすることが望ましい。

ニ タブレット、スマートフォン等

(イ) 適した機器の使用
目的とする情報機器作業に適した機器を適した状態で使用させること。

(ロ) オプション機器の使用
長時間、タブレット型機器等を用いた作業を行う場合には、作業の内容に応じ適切なオプション機器（ディスプレイ、キーボード、マウス等）を適切な配置で利用できるようにすることが望ましい。

ホ その他の情報機器
ロからニまで以外の新しい表示装置や入力機器等を導入し、使用する場合には、作業者への健康影響を十分に考慮して、目的とする情報機器作業に適した機器を適した状態で使用させること。

ヘ　ソフトウェア

ソフトウェアは、次の要件を満たすものを用いることが望ましい。

(イ)　目的とする情報機器作業の内容、作業者の技能、能力等に適合したものであること。

(ロ)　作業者の求めに応じて、作業者に対して、適切な説明が与えられるものであること。

(ハ)　作業上の必要性、作業者の技能、好み等に応じて、インターフェイス用のソフトウェアの設定が容易に変更可能なものであること。

(ニ)　操作ミス等によりデータ等が消去された場合に容易に復元可能なものであること。

ト　椅子

椅子は、次の要件を満たすものを用いること。

(イ)　安定しており、かつ、容易に移動できること。

(ロ)　床からの座面の高さは、作業者の体形に合わせて、適切な状態に調整できること。

(ハ)　複数の作業者が交替で同一の椅子を使用する場合には、高さの調整が容易であり、調整中に座面が落下しない構造であること。

(ニ)　適当な背もたれを有していること。また、背もたれは、傾きを調整できることが望ましい。

(ホ)　必要に応じて適当な長さの肘掛けを有していること。

チ　机又は作業台

机又は作業台は、次の要件を満たすものを用いること。

(イ)　作業面は、キーボード、書類、マウスその他情報機器作業に必要なものが適切に配置できる広さであること。

(ロ)　作業者の脚の周囲の空間は、情報機器作業中に脚が窮屈でない大きさのものであること。

(ハ)　机又は作業台の高さについては、次によること。

a　高さの調整ができない机又は作業台を使用する場合、床からの高さは作業者の体形にあった高さとすること。

b　高さの調整が可能な机又は作業台を使用する場合、床からの高さは作業者の体形にあった高さに調整できること。

(3)　騒音の低減措置

情報機器及び周辺機器から不快な騒音が発生する場合には、騒音の低減措置を講じること。

(4)　その他

換気、温度及び湿度の調整、空気調和、静電気除去、休憩等のための設備等について事務所衛生基準規則に定める措置等を講じること。

5　作業管理

作業者が、心身の負担が少なく作業を行うことができるよう、次により作業時間の管理を行うとともに、4により整備した情報機器、関連什器等を調整し、作

業の特性や個々の作業者の特性に合った適切な作業管理を行うこと。

(1) 作業時間等
イ 一日の作業時間
情報機器作業が過度に長時間にわたり行われることのないように指導すること。

ロ 一連続作業時間及び作業休止時間
一連続作業時間が1時間を超えないようにし、次の連続作業までの間に10分～15分の作業休止時間を設け、かつ、一連続作業時間内において1回～2回程度の小休止を設けるよう指導すること。

ハ 業務量への配慮
作業者の疲労の蓄積を防止するため、個々の作業者の特性を十分に配慮した無理のない適度な業務量となるよう配慮すること。

(2) 調整
作業者に自然で無理のない姿勢で情報機器作業を行わせるため、次の事項を作業者に留意させ、椅子の座面の高さ、机又は作業台の作業面の高さ、キーボード、マウス、ディスプレイの位置等を総合的に調整させること。

イ 作業姿勢
座位のほか、時折立位を交えて作業することが望ましく、座位においては、次の状態によること。

(イ) 椅子に深く腰をかけて背もたれに背を十分にあて、履き物の足裏全体が床に接した姿勢を基本とすること。また、十分な広さを有し、かつ、すべりにくい足台を必要に応じて備えること。

(ロ) 椅子と大腿部膝側背面との間には手指が押し入る程度のゆとりがあり、大腿部に無理な圧力が加わらないようにすること。

ロ ディスプレイ
(イ) おおむね40cm以上の視距離が確保できるようにし、この距離で見やすいように必要に応じて適切な眼鏡による矯正を行うこと。

(ロ) ディスプレイは、その画面の上端が眼の高さとほぼ同じか、やや下になる高さにすることが望ましい。

(ハ) ディスプレイ画面とキーボード又は書類との視距離の差が極端に大きくなく、かつ、適切な視野範囲になるようにすること。

(ニ) ディスプレイは、作業者にとって好ましい位置、角度、明るさ等に調整すること。

(ホ) ディスプレイに表示する文字の大きさは、小さすぎないように配慮し、文字高さがおおむね3mm以上とするのが望ましい。

ハ 入力機器
マウス等のポインティングデバイスにおけるポインタの速度、カーソルの移動速度等は、作業者の技能、好み等に応じて適切な速度に調整すること。

ニ ソフトウェア
表示容量、表示色数、文字等の大きさ及び形状、背景、文字間隔、行間隔等は、作業の内容、作業者の技能等に

応じて、個別に適切なレベルに調整すること。

6 情報機器等及び作業環境の維持管理

作業環境を常に良好な状態に維持し、情報機器作業に適した情報機器等の状況を確保するため、次により点検及び清掃を行い、必要に応じ、改善措置を講じること。

(1) 日常の点検

作業者には、日常の業務の一環として、作業開始前又は一日の適当な時間帯に、採光、グレアの防止、換気、静電気除去等について点検させるほか、ディスプレイ、キーボード、マウス、椅子、机又は作業台等の点検を行わせること。

(2) 定期点検

照明及び採光、グレアの防止、騒音の低減、換気、温度及び湿度の調整、空気調和、静電気除去等の措置状況及びディスプレイ、キーボード、マウス、椅子、机又は作業台等の調整状況について定期に点検すること。

(3) 清掃

日常及び定期に作業場所、情報機器等の清掃を行わせ、常に適正な状態に保持すること。

7 健康管理

作業者の健康状態を正しく把握し、健康障害の防止を図るため、作業者に対して、次により健康管理を行うこと。

(1) 健康診断

イ 配置前健康診断

新たに情報機器作業を行うこととなった作業者(再配置の者を含む。以下同じ。)の配置前の健康状態を把握し、その後の健康管理を適正に進めるため、情報機器作業の作業区分に応じて、別紙に定める作業者に対し、次の項目について必要な調査又は検査を実施すること。

なお、配置前健康診断を行う前後に一般健康診断（労働安全衛生法第66条第1項に定めるものをいう。）が実施される場合は、一般健康診断と併せて実施して差し支えない。

a 業務歴の調査
b 既往歴の調査
c 自覚症状の有無の調査
　(a) 眼疲労を主とする視器に関する症状
　(b) 上肢、頸肩腕部及び腰背部を主とする筋骨格系の症状
　(c) ストレスに関する症状
d 眼科学的検査
　(a) 視力検査
　　ⅰ 遠見視力の検査
　　ⅱ 近見視力の検査
　(b) 屈折検査
　(c) 自覚症状により目の疲労を訴える者に対しては、眼位検査、調節機能検査
e 筋骨格系に関する検査
　(a) 上肢の運動機能、圧痛点等の検査

(b) その他医師が必要と認める検査

ロ　定期健康診断

情報機器作業を行う作業者の配置後の健康状態を定期的に把握し、継続的な健康管理を適正に進めるため、情報機器作業の作業区分に応じて、別紙に定める作業者に対し、1年以内ごとに1回、定期に、次の項目について必要な調査又は検査を実施すること。

なお、一般定期健康診断（労働安全衛生法第66条第1項に定めるものをいう。）を実施する際に、併せて実施して差し支えない。

a　業務歴の調査
b　既往歴の調査
c　自覚症状の有無の調査
　(a) 眼疲労を主とする視器に関する症状
　(b) 上肢、頸肩腕部及び腰背部を主とする筋骨格系の症状
　(c) ストレスに関する症状
d　眼科学的検査
　(a) 視力検査
　　i　遠見視力の検査
　　ii　近見視力の検査
　　iii　40歳以上の者に対しては、調節機能検査及び医師の判断により眼位検査。ただし、c自覚症状の有無の調査において特に異常が認められず、d（a）i遠見視力又はd（a）ii近見視力がいずれも、片眼視力（裸眼又は矯正）で両眼とも0.5以上が保持されている者については、省略して差し支えない。

(b) その他医師が必要と認める検査
e　筋骨格系に関する検査
　(a) 上肢の運動機能、圧痛点等の検査
　(b) その他医師が必要と認める検査

ハ　健康診断結果に基づく事後措置

配置前又は定期の健康診断によって早期に発見した健康阻害要因を詳細に分析し、有所見者に対して次に掲げる保健指導等の適切な措置を講じるとともに、予防対策の確立を図ること。

(イ) 業務歴の調査、自他覚症状、各種検査結果等から愁訴の主因を明らかにし、必要に応じ、保健指導、専門医への受診指導等により健康管理を進めるとともに、作業方法、作業環境等の改善を図ること。また、職場内のみならず職場外に要因が認められる場合についても必要な保健指導を行うこと。

(ロ) 情報機器作業の視距離に対して視力矯正が不適切な者には、支障なく情報機器作業ができるように、必要な保健指導を行うこと。

(ハ) 作業者の健康のため、情報機器作業を続けることが適当でないと判断される者又は情報機器作業に従事する時間の短縮を要すると認められる者等については、産業医等の意見を踏まえ、健康保持のための適切な措置を講じること。

(2) 健康相談

作業者が気軽に健康について相談し、適切なアドバイスを受けられるように、

プライバシー保護への配慮を行いつつ、メンタルヘルス、健康上の不安、慢性疲労、ストレス等による症状、自己管理の方法等についての健康相談の機会を設けるよう努めること。

また、パートタイマー等を含む全ての作業者が相談しやすい環境を整備する等特別の配慮を行うことが望ましい。

(3) 職場体操等

就業の前後又は就業中に、体操、ストレッチ、リラクゼーション、軽い運動等を行うことが望ましい。

8　労働衛生教育

労働衛生管理のための諸対策の目的と方法を作業者に周知することにより、職場における作業環境・作業方法の改善、適正な健康管理を円滑に行うため及び情報機器作業による心身への負担の軽減を図ることができるよう、次の労働衛生教育を実施すること。

また、新たに情報機器作業に従事する作業者に対しては、情報機器作業の習得に必要な訓練を行うこと。なお、教育及び訓練を実施する場合は、計画的に実施するとともに、実施結果について記録することが望ましい。

(1) 作業者に対する教育内容

作業者に対して、次の事項について教育を行うこと。また、当該作業者が自主的に健康を維持管理し、かつ、増進していくために必要な知識についても教育を行うことが望ましい。

イ　情報機器ガイドラインの概要
ロ　作業管理
　（内容）作業計画・方法、作業姿勢、ストレッチ・体操など
ハ　作業環境管理
　（内容）情報機器の種類・特徴・注意点
ニ　健康管理
　（内容）情報機器作業の健康への影響（疲労、視覚への影響、筋骨格系への影響、メンタルヘルスなど）

(2) 管理者に対する教育内容

情報機器作業に従事する者を直接管理する者に対して、次の事項について教育を行うこと。

イ　情報機器ガイドラインの概要（労働災害統計を含む。）
ロ　作業管理
　（内容）作業時間、作業計画・方法、ストレッチ・体操など
ハ　作業環境管理
　（内容）情報機器の種類・特徴・注意点、作業環境（作業空間、ワークステーション、什器、採光・照明、空調など）
ニ　健康管理
　（内容）情報機器作業の健康への影響（疲労、視覚への影響、筋骨格系への影響、メンタルヘルスなど）、健康相談・健康診断（受け方）、事後措置

9 情報機器作業の作業区分に応じて実施する事項

(1) 「作業時間又は作業内容に相当程度拘束性があると考えられるもの（全ての者が健診対象）」に該当する者の場合

以下の対策を1～8に加えて実施すること。

イ 一日の連続作業時間への配慮

視覚負担をはじめとする心身の負担を軽減するため、他の作業を組み込むこと又は他の作業とのローテーションを実施することなどにより、一日の連続情報機器作業時間が短くなるように配慮すること。

ロ 健康診断

新たに作業時間又は作業内容に相当程度拘束性があると考えられるもの（全ての者が健診対象）に該当することとなった作業者(再配置の者を含む。以下同じ。)には、7(1)イによる配置前健康診断を、作業者の配置後には、7(1)ロにより定期健康診断を、全ての対象者に実施すること。

(2) 「上記以外のもの（自覚症状を訴える者のみ健診対象）」に該当する者の場合以下の対策を1～8に加えて実施すること。

イ 健康診断

新たに上記以外のもの（自覚症状を訴える者のみ健診対象）に該当することとなった作業者（再配置の者を含む。以下同じ。）には、7(1)イによる配置前健康診断を、作業者の配置後には、7(1)ロにより定期健康診断を、自覚症状を訴える者を対象に実施すること。

10 配慮事項等

(1) 高齢者に対する配慮事項等

高年齢の作業者については、照明条件やディスプレイに表示する文字の大きさ等を作業者ごとに見やすいように設定するとともに、過度の負担にならないように作業時間や作業密度に対する配慮を行うことが望ましい。

また、作業の習熟の速度が遅い作業者については、それに合わせて追加の教育、訓練を実施する等により、配慮を行うことが望ましい。

(2) 障害等を有する作業者に対する配慮事項

情報機器作業の入力装置であるキーボードとマウスなどが使用しにくい障害等を有する者には、必要な音声入力装置等を使用できるようにするなどの必要な対策を講じること。

また、適切な視力矯正によってもディスプレイを読み取ることが困難な者には、拡大ディスプレイ、弱視者用ディスプレイ等を使用できるようにするなどの必要な対策を講じること。

(3) テレワークを行う労働者に対する配慮事項

情報機器ガイドラインのほか、「情報通信技術を利用した事業場外勤務の適切な導入及び実施のためのガイドライン」（平成30年2月22日付け基発0222第1

号、雇均発 0222 第 1 号「情報通信技術を利用した事業場外勤務の適切な導入及び実施のためのガイドラインの策定について」別添 1）を参して必要な健康確保措置を講じること。

その際、事業者が業務のために提供している作業場以外でテレワークを行う場合については、事務所衛生基準規則、労働安全衛生規則及び情報機器ガイドラインの衛生基準と同等の作業環境となるよう、テレワークを行う労働者に助言等を行うことが望ましい。

⑷ 自営型テレワーカーに対する配慮事項

注文者は、「自営型テレワークの適正な実施のためのガイドライン」（平成 30 年 2 月 2 日付け雇均発 0202 第 1 号「「在宅ワークの適正な実施のためのガイドライン」の改正について」別添）（編注 略）に基づき、情報機器作業の適切な実施方法等の健康を確保するための手法について、自営型テレワーカーに情報提供することが望ましい。

また、情報提供の際は、必要に応じて情報機器ガイドラインを参考にし、情報提供することが望ましい。

情報機器作業を快適に
— 厚生労働省ガイドラインに基づく情報機器作業従事者用テキスト —

令和元年12月27日	第1版第1刷発行
令和6年 1月16日	第3刷発行

編　者　中央労働災害防止協会
発行者　平　山　　剛
発行所　中央労働災害防止協会
〒108-0023
東京都港区芝浦3丁目17番12号
吾妻ビル9階
電話　販売　03(3452)6401
　　　編集　03(3452)6209
表紙・イラスト　㈱プリプラにじゅういち
印刷・製本　新日本印刷株式会社

落丁・乱丁本はお取り替えいたします。　　　ⓒJISHA 2019
ISBN978-4-8059-1911-8　C3060
中災防ホームページ　https://www.jisha.or.jp/

本書の内容は著作権法によって保護されています。
本書の全部または一部を複写（コピー）、複製、転載すること（電子媒体への加工を含む）を禁じます。